应用语言学研究

钟 倩 著

北方妇女儿童出版社
·长春·

图书在版编目（CIP）数据

应用语言学研究 / 钟倩著. -- 长春 : 北方妇女儿童出版社，2022.1

ISBN 978-7-5585-6324-9

Ⅰ. ①应… Ⅱ. ①钟… Ⅲ. ①应用语言学－研究 Ⅳ. ① H08

中国版本图书馆 CIP 数据核字 (2021) 第 274106 号

应用语言学研究

YINGYONG YUYANXUE YANJIU

出 版 人 师晓晖

责任编辑 张道良

装帧设计 王一然

封面绘画 秦 风

开　　本 787mm×1092mm 1/16

印　　张 9.75

字　　数 202 千字

版　　次 2022 年 1 月第 1 版

印　　次 2022 年 1 月第 1 次印刷

印　　刷 北京宝莲鸿图科技有限公司

出　　版 北方妇女儿童出版社

发　　行 北方妇女儿童出版社

地　　址 长春市福祉大路 5788 号

电　　话 总编办：0431-81629600

定　　价 56.00 元

前　言

应用语言学是一门新兴的学科，发展迅速。但对其概念的界定学界尚未达成共识。本书简要梳理了应用语言学的缘起和发展，探讨了应用语言学研究范畴由狭隘到广泛的轨迹。引入学术界若干常见的关于应用语言学的定义形式，并对所引述的定义进行综合述评。在此基础上，提出学界现行的定义手段，指出对应用语言学研究范畴的界定是个层次问题，并点出随着学科发展的总结化趋势，对应用语言学做广义上的理解是为大方向。

由于学科的这种性质，在界定上不免会出现两种极端情况：一方面会仅仅关注学科研究的传统重点，即语言教学，从而无法有效涵盖发展阶段不断出现的跨学科研究，界定偏重一方，过于狭窄，无法承载整个学科的研究范围；另一方面，由于几乎任何领域都会使用语言学，那么但凡涉及语言的应用都会被纳入应用语言学范畴，那由此就可推出应用语言学包含一切的结论。通俗来说，就是语言学是一个什么都可往里装的筐。显然，上述两种情况在界定上往往会出现过大或过小的偏颇。

在通常情况下，当今的语言学界还是用广义和狭义来区分应用语言学的定义。事实上，其范围仍然具有很强的伸缩性。因而，这种定义手段也不是一劳永逸的。真正去研究应用语言学时，并非一定要采取某个定义，或许在某个层次或方面，我们可以采用这种说法；而在另一个层次或方面我们可以采用哪种说法更为合理。

现代语言学之父索绪尔致力于确立语言学独立的学科地位，使其与其他学科分离并在语言内部进行研究，从而形成语言的科学。随后的学者艰难探索，不断地发现并建立关于语言的相关理论，使得语言学的学科成果丰硕，语言学的学科地位得以牢牢巩固。一直以来引以为豪的是艰苦创立起来的学科独立性，语言学不再依附于其他学科而存在。随着科学发展的综合化趋势，语言学与其他学科的交叉、交融乃至结合已成为不可逆的趋势，无论这种趋势是否背离了语言学学科建立的初衷。与此同时，这也表明对应用语言学进行广义层面上的理解已成为大趋势，这也就是该学科以后发展的大方向。

前言

目　录

第一章　应用语言学概述

第一节　应用语言学的界定

应用语言学是一门年轻的学科，兴起于20世纪中期，其后以惊人的速度不断向前发展。本节旨在探讨向着学科交叉渗透的大趋势下，对应用语言学研究范畴的界定应采用何种视角。

一、应用语言学的缘起与发展

（一）单一研究取向的起步阶段

应用语言学思想缘起久远，桂诗春认为，可以追溯到圣经创世纪中关于通天塔的神话，在故事中上帝打乱人们的语言，使人们因有了不同的语言而散落于世界各地。从他的这个理论中我们可以发现语言教学和语言历史都是由来已久，正是因为不同语言的差异导致语言教学的出现。最初，“应用语言学”这个术语由波兰语言学家博杜恩于1870年明确提出。当时他只是提出了这样一个宽泛而模糊的术语，并未对其研究对象和范围进行明确的界定，但也尚未提出一个理论和概念体系，因而也没有在学界引起关注。直到20世纪40年代，随着外语教育和外语学习的需求日盛，外语教学蓬勃发展，尤其是在美国，人们才开始重视应用语言学的研究，真正地开始关注并探讨“应用语言学”这个概念的研究范畴和范式。毫无悬念，这个时期的应用语言学的研究主要围绕外语教学展开。

（二）多学科渗透的发展阶段

到20世纪60年代，应用语言学进入快速发展时期，于1964年正式确立其学术地位。同年，“第一届国际应用语言学大会”在法国召开，成立了国际应用语言学协会。此后，应用语言学专业及课程开设，相关学术著作、教材及刊物大量涌现，极大地丰富了应用语言学这一学科的内涵。在随后的发展过程中，除了传统的语言教学继续发展之外，应用语言学的一些分支学科也逐渐形成并快速发展起来，如社会语言学、计算机语言学等。应用语言学让语言学与越来越多的学科交叉交融起来，其研究范围不断扩大并向其他学科渗透，与此同时，对该学科进行明确定义的难也随之攀升。

二、应用语言学的不同定义

基于上述应用语言学强大的渗透力，对于应用语言学的研究范畴，目前学术界尚未形成一致的观点。不同的学者从不同的角度提出过不同的看法，对应用语言学的界定在学界就形成了争鸣的局面，常见的定义有以下三种形式。

（一）直接的定义

对应用语言学最直接的看法来自冯志伟，他认为，应用语言学是研究语言在各个领域中实际应用的学科，是语言学的一个分支部门。在整个语言学领域中，应用语言学、理论语言学和描写语言学形成了三足鼎立的局面。它们分别属于语言研究的三个不同方面，各有分工，即理论语言学致力于语言一般理论问题的探讨，描写语言学注重对语言具体结构和系统组合规律的描述，应用语言学则关注语言在各个领域中实际应用的规律和功能。

他明确提出应用语言学具有独立性，主要表现为它有自己的研究对象及任务；综合性在于应用语言学是跨学科的，语言学知识之外，研究者还要具备有关学科的知识；实用性在于应用语言学旨在解决语言在实际应用中的各类问题，从而满足社会需要；以及实验性表现为与其他自然科学一样，需要科学的实验方法才能得出令人信服的结论。该观点得到不少学者如蔡建华、谭汝等不同程度的认同并在相关著作中加以阐述。

（二）形象的定义

关于应用语言学形象定义的问题，于根元曾经举过一个有意思的例子：“好比一个轴承，一面是语言本体和本体语言学，一面是发生关系的各个方面，两者之间的一个个滚珠是应用语言学的一个个分支学科。应用语言学主要研究的是所有的滚珠以及跟槽的接触部的动态的规律，包括共性和个性。”

以上的比喻式定义可以用简单图示来进行理解，即首先画上一个大的圆代表语言本体和本体语言学，周围画上与之相交的圆代表不同的学科或领域，周围的圆与中间的圆相交的部分即属于应用语言学研究的范畴。例如，周围的一个圆代表教学，其与中间的圆相交的部分是语言教学，那么它属于应用语言学研究的范围。语言本体和本体语言学与心理学、社会学等学科相交的部分亦可循此图解释。该定义说法形象生动，可利用图解加以理解说明。但之后，作者又对该提法加以调整。后来于根元再一次对应用语言学下的定义是：应用语言学是语言本体研究同语言学之外有关方面发生关系以及应用语言学再应用的学科。该定义更为凝练、全面并更具有学术性，同时还蕴含了作者关于应用语言学另一个方面的观点，即应用语言学自身有理论。

（三）列举式定义

应用语言学的范畴界定，还有如下的看法：大多数的导论及文论都旨在阐述应用语言学所涉及的方面，从而分析并阐明应用语言学的目的。在难以给出明确定义时，我们可以通过观察该领域的研究人员所从事的研究或进行的活动来探知该领域的研究范畴。具体来说，通过观察应用语言学研究人员的研究活动，我们了解到他们关注应用语言学及非洲人和犹太人的读写能力、内容和语言的综合性学习、话语分析、语言和移民、媒介语言、语言政策、语言学习过程中学习者自主性、职场多语现象、多语言的习得与使用、标准语言教育、任务复杂性及翻译等。通过实践性的活动来给出部分对应用语言学的定义，虽不全面却不失直观。

三、应用语言学理论性的争议

很多的语言学家秉持的观点是应用语言学这一学科，仅仅是对语言学领域的一些观点和理论的实际运用，它本身是不存在任何理论的。这个观点的关键出处是英国的语言学家皮特·科德，他在《应用语言学导论》中明确指出："把语言学运用于某一对象，或者说，应用语言学（其名称的含义就是如此）是一种活动，不是理论研究，而是把理论研究的成果付诸运用。应用语言学家是理论的应用者，而不是理论的创造者。"这种观点可能只是当时国外的一种声音，但在中国十分盛行。中国关于应用语言学同语言理论关系的主流看法可以从《中国大百科全书》中窥知，即两者密不可分，理论要以实践应用为基础，同时应用需以理论为指导。

随后，学术界的一些应用语言学家如龚千炎、于根元等获得一些共识并数次在相关论述中进行说明澄清自己的观点，语言运用及语言学理论的运用都还不是应用语言学。进一步，他们还指出了此观点的重要依据。第一，现实中是不会存在任何完善的语言学理论来提供给应用语言学使用。这样一来，应用语言学一般都是在处理实际问题时建立和不断完善该领域的理论。第二，从逻辑上看，应用本身已然包含下位层次上的理论。最后，学术界确实整理出了相当的应用语言学方面的理论，如层次理论、中介理论等。这样的观点被后来不少的应用语言学研究人员所认可，丰富并完善应用语言学的理论在学界也是显而易见的趋势。

现代语言学之父索绪尔致力于确立语言学独立的学科地位，使其与其他学科分离并在语言内部进行研究，从而形成语言的科学。随后的学者艰难探索，不断地发现并建立关于语言的相关理论，使得语言学的学科成果丰硕，语言学的学科地位得以牢牢巩固。一直以来引以为豪的是艰苦创立起来的学科独立性，语言学不再依附于其他学科而存在。随着科学发展的综合化趋势，语言学与其他学科的交叉、交融乃至结合已成为不可逆的趋势，无论这种趋势是否背离了语言学学科建立的初衷。与此同时，这也表明对应用语言学进行广义层面上的理解已成为大趋势，这也就是该学科以后发展的大方向。

第二节　“应用语言学”的学科含义

应用语言学注重的是语言教学的实践性和实用性，作为当前我国教育中的重要部分，英语教学在全球化发展中的地位越来越突出，了解和掌握应用语言学的基本含义，并将其应用到英语教学中，能够为英语教学的应用性提供有效的借鉴和范例，具有很大的研究价值。

一、应用语言学的学科含义

应用语言学是语言教学中的一种分支，其讲究的是语言习得的应用性，注重理论和实践的结合，要求学习者在掌握语言学基本理论和概念的前提下，能够有效地将所学的语言学知识应用到实践中去。学习应用语言学，是为了帮助人们有效地解决日常生活中的现实问题，通过语言交流和语言技巧解决好生活中遇到的种种难题，以达到较高的语言应用效果。

二、应用语言学与语言应用学的区分

应用语言学和语言应用学看似是两个相似的概念，但实则不同。应用语言学强调的是理论联系实际，而语言应用学则是更加注重实践，强调语言的应用效果。简单来说，语言应用学是语言应用学家在实践中掌握语言知识和理论，而应用语言学则是以实践为理论的获得来源，从实践中总结理论，并将理论总结带入实践研究中，验证理论的正确性。语言应用学家是对理论的应用者，而应用语言学家则是集语言理论创造总结与语言应用为一体的。

三、应用语言学学科内容

综上所述，应用语言学的主要内容是将理论和实践有机地结合起来，以实践促理论发展，再以理论指导实践。应用语言学强调将所学的语言知识尽可能地运用到现实生活中，解决生活中的难题。具体来说，应用语言学涉及的范围很广，其中包括语言交际、语言的教学和语言的习得、话语治疗、语言计划和政策等等，还包括外国语言学、地方语言学，等等。随着世界经济全球化发展趋势的不断深入，英语作为国际性标准官方语言，其在国际上的地位日益突出，为了更好地融入全球化阵营，在世界性的经济、政治、文化、军事、环境等问题上占据有效的发言权和影响力，我国越来越重视应用语言学的教学在英语语言教与学中的应用。

四、应用语言学在英语教学中的有效应用方法

（一）创设课堂情境，加强口语练习

学生英语写作水平不高，也是因为对英语“说”的太少，应用语言学要求学生对学习的语言知识能够及时准确地运用，在多次反复的运用中发现错误，改正错误，实现最终的正确应用目标。对此，老师要多给学生说英语的机会，不仅课堂上多多让学生发言，还可以组织学生经常性地开展英语活动。为了更好地锻炼学生的英语语言应用能力，进一步培养学生英语口语的表达能力，解放路第一小学经常开展“校园杯”英语口语风采秀活动。活动期间，特邀雅思学校教师作为嘉宾评委参与现场点评、互动。

活动现场气氛热烈，节奏紧凑。同学们通过自我介绍、朗诵诗歌、演唱英文歌曲、讲故事等多种形式充分展示了自己的英语风采。你看！童话故事和自创的情景剧也被孩子们搬上了舞台。选手们各个实力不凡，激情昂扬，他们语音标准、创意独特、表情自然、仪表大方，赛场里不时响起评委和观众们阵阵热烈的掌声。此次口语展示活动为学生营造了良好的英语学习氛围，给学生搭建了一个运用英语、展示自我的舞台。通过组织学生开展英语辩论赛、安排学生进行英语故事演讲比赛等活动，让每个学生都有说英语的机会，不断锻炼学生的口语应用能力，也提升了他们的综合英语表达能力，成效显著。

（二）强化英语语感，加强语法时态教学

对于中国学生普遍存在的中式英语问题，教师要强化英语的几类主要句型的教学，在教学中采取全英文的教学方式，对于语法和时态这两个较难的部分进行重点讲解，并且在平时的教学中贯穿这些知识的讲授。为培养学生良好的英语语感进行多样化的英语学习，打破传统的课本局限。在这方面比较成功的案例有合肥市沃尔德国际英语学校，他们的教学形式多样，注重学生听说读写全面素质的提高，时常开展英语类竞赛活动，形式多样，内容丰富，学生们学得开心，也提升了各方面能力，真正实现了寓教于乐式教学，让学生在快乐中学习英语、应用英语，养成良好的英语学习习惯。

英语教学要充分汲取应用语言学的营养，明确应用语言学的含义和作用，通过将应用语言学与英语教学结合起来的方式，促进英语教学效果的进一步提升，提升学生的总体英语知识掌握和应用水平，为培养全面发展的综合型人才做出贡献。

第三节 应用语言学的研究现状与展望

应用语言学自身具有强大的生命力，在几十年的时间里它已经成为一门发展速度快、

广受关注与议论的语言学科之一。由于应用语言学的出现比较迟，对应用语言学的研究也是比较落后，跟不上时代的发展，满足不了社会的高要求。因此，需要对其发展现状进行认真的分析。基于此，本节就应用语言学的研究现状与展望进行简要分析，希望可以提供一个有效的借鉴[a]。

一、应用语言学研究中问题解决策略

（一）构建科学化的理论体系

说一门课程能否吸引人，其理论体系是否科学化在一定程度上对人的主观思想起着一定的指引作用。应用语言学最初是在其他各种语言学的基础上发展起来的，因此还没有完善的体系，但是随着近些年的快速发展已经有了一定的进展，可是科学化的理论体系仍然十分匮乏。我国已经有一大批语言学者在不断努力探索，为了创新应用语言学自身的科学理论体系，一直在孜孜不倦的探索中。基于此，我国建立一套科学的应用语言学理论已经迫在眉睫，当然这也是当前我国应用语言学必须解决的问题。

（二）应与时俱进，吸纳并创新理念与思想

在当下快速发展的社会中，一旦无法跟上时代的步伐，便会落后，甚至面临淘汰的危险。应用语言学在我国起步较晚，虽然近几年发展迅速，但是依然与国外先进的应用语言学理念之间有着一定的差距。要想实现我国应用语言学的快速发展，就必须与时俱进，吸纳国外的先进理念与思想，并结合自身的情况进行创新。

（三）要有灵活多变的教学方法

应用语言学在语文课程中的应用夹杂了十分强烈的理论性与实践性，因此教学方式不能单一。教师在教学活动中应该把讲解、提问、讨论及练习相互结合，充分调动学生的积极性，集中他们的注意力，提高他们的理论水平与解决问题的能力，从而培养他们学习语言的兴趣。例如，在进行课程教学前，可以依据应用语言学的相关理论提出一些必要的问题，以此来提高学生的注意力，让他们积极动脑思考问题，带着问题进入教学活动中，并且教师应采取引导的方式，对学生循循善诱，使课堂教学达到学生主动学习的效果。

二、我国应用语言学的未来发展

（一）推进应用语言学教育改革

要想让我国应用语言学在未来继续蓬勃发展，就必须注重教育的作用，要加强推进应用语言学教育改革。首先，要在全国各高校普及应用语言学知识，加大宣传力度，很多大

a　骆世平．英语习语研究 [M]．上海：上海外语教育出版社，2007.

学都没有应用语言学这门学科，严重阻碍了应用语言学发展。而在已经开设了应用语言学的大学也要强化教育意识，让学校对这门相对冷门的学科重视起来，意识到语言是一门必不可少的学科，并且在实际生活中起着重要作用。形成语言学的校园文化，让应用语言学的宣传语在大学内部随处可见，提高学生的重视程度。其次，加强教师队伍的培训。很多应用语言学的教师水平相对较低，没有经过相关的培训，更缺乏实践能力，教师本身都没有这种意识，更不可能很好地培养学生，因此，学校要加强对教师的培训工作，不但上岗前要培训，在职期间也要经常开展相关宣讲和实习，让教师的自身水平得到不断提升。

（二）与其他学科紧密联系

任何事情要想不断发展，仅靠自身去探索显然是不可取的，这样会使自身陷入一个尴尬的境地。应用语言学也不例外，应用语言学要想不断地发展壮大，就需要与其他学科紧密地联系在一起，将其他学科的作用充分利用起来，并将一些语言学边缘学科加以联系。社会学、心理学、交际学、经济学、金融学等很多学科都可以使应用语言学更加壮大，不同的学科也有不同的理论知识在其中，把这些理论知识与应用语言学的理论知识有机地结合在一起，能形成一个科学、合理、综合性强大的新型应用语言学。

（三）跟时代接轨

应用语言学在本质上就具有非静态、不断动态的特点，具有跨学科性、开放性和实验性。应用语言学通过不断实践得到了不断发展，而这之中的方向永远是不确定的，正是这种不确定性，使得应用语言学更加充满魅力。在适应时代大背景的基础上，让实践的脚步永不停歇，把一切固执的框架消除，还有更重要的一点就是不断创新，只有创新才是前进的动力，通过创新，将过去的应用语言取其精华去其糟粕，把优质的发扬下去，糟粕的果断舍弃，在不断创新中寻求更好的发展，这也是时代赋予应用语言学的新使命。

综上所述，我国的应用语言学虽然只经历了较短的发展时间，但从其发展现状来看，它在未来的时间里将会取得更大的进步。所以，必须要正确地理解应用语言学真正的意义和它包含的内容，而不是盲目地进行狭义的应用语言学教学而已。

第四节　应用语言学与外语教学论

应用语言学是 20 世纪 50 年代末 60 年代初发展起来的新兴学科。它是介于人类语言各种理论描写和语言教学实践活动之间的一套有关活动或技巧。从广义上来说，它除了跟语言教学有关外还同其他许多活动有关，而外语教学除了涉及语言学知识的应用外，还涉及许多从其他理论研究所得出的知识的应用。从狭义上来说，根据教育学理论，结合语言的心理因素和社会作用，概括出的一系列语言教学理论、原则和方法，特别用于第二语言教学，即外语教学。

在教学过程中，必须有明确的培养目标，适宜的教学大纲、教材、教具和教学方法，并用正确的教学思想做指导，把大纲和教材规定的内容用最佳的方法实施于学生，用准确有效的测试手段检查教学活动的结果，这正是应用语言学研究的中心问题，正如英国应用语言学家科德（S.P.Corder）所说："应用语言学是一种活动。"我国颇有权威的应用语言学家杜诗春教授更概括地认为，应用语言学是一种系统工程。

一、两者的联系与区别

应用语言学同语言教学有着紧密的联系，但它不等同于语言教学。应用语言学家关心的是产生解释语言结构的技术模式，而语言教师关心的是如何更快地使学习者进行交际；应用语言学家关心的是准确，而语言教师关心的是程度；应用语言学家关心的是能力，而语言教师关心的是语言运用。总之，应用语言学不是某一教学法和学派，它是检验某一教学法是否正确有效的理论根据。因此，它可为一种新教学法的产生及外语教学研究提供理论指导。

（一）国外语言学的发展情况

美国语言学家乔姆斯基（N.Chomsky）的语言理论在语言学发展中的作用。应用语言学从 20 世纪 50 年代末的"提出"到 60 年代中叶的"兴盛"，经过了一个"逆结构主义"到"结构主义"的过程。它是经过同过去传统的语言学理论和旧的教学观点挑战、论战，最后站稳脚跟的。当然，迄今为止尚有许多语言教学理论问题有待于应用语言学进一步研究和探讨，找出正确的答案，在应用语言学的发展过程中，美国语言学家乔姆斯基的崛起起了革命性的促进作用。

乔姆斯基对当时流行的哲学上的经验主义、心理学上的行为主义和由此而产生的语言学上的结构主义进行了挑战。乔姆斯基认为，人出生时绝非是一块"空白的石板"，小孩儿生来就有一种受自然生态制约的"天生素质"。人脑的天生素质就像一部已经编好程序的计算机，也就是说，在人的头脑中已经固有语法规则，这套规则可以转换生成人类极其复杂的言语。规则是有限的，而转换生成的语言或语言行为是无限的；否则，就不能解释人类语言有创造性。这一现象和人们为什么在短短的几年内能掌握一种千变万化的语言，人类具有语言能力和语言行为。语言能力是人们对语言的潜在掌握，而语言行为则是对语言的实际运用。乔姆斯基的语言理论在语言教学中使他抛弃结构主义模式，但他没有提出明确的代替方案，也没有形成一套完整的教学法和教学法理论。在乔氏的影响下，外语教学冲破了传统的语法翻译法、自觉对比法等结构主义和直接教学法以及自然教学法等行为主义的理论，各种新的教学理论和教学方法像雨后春笋一样，应运而生，如听说法、认知法、默读法、功能交际法等。

语法翻译法、自觉对比法是否完全错误？不能这样武断。它在历史上起过积极的作用，今后也不是再没有使用价值；直接教学法是否没有缺陷，这要因人因地而论。现在，世界上影响比较大的功能交际法是否最先进，还有待于今后通过长期实践才能得出结论，就是乔姆斯基的生成语法到 20 世纪 60 年代末又分出了生成语义学派，包括乔氏的学生在内同乔氏展开了论战。乔氏批判过的结构主义学派的一些代表人物也曾预言：过不了多少年就再不会有人知道生成语法了。

（二）母语在语言学习中的作用

世界上所有的语言，不论英语、俄语还是汉语都可分解成主位、述位和修饰部分，都存在着名词、动词和特征状态词这些基本概念，都是由单词、短语到句子构成整个篇章。人类语言之间的不同点只不过是代表概念的符号和发音的不同，也就是文字系统和音位系统的差异。语言同劳动、思维一样，是人的基本功能，所以任何人，不论智力高低（除有生理缺陷的人）均有语言能力。儿童从一岁牙牙学语到五岁就基本能表达儿童生活中的各种概念。儿童学语是由于本能的需要，下意识地模仿是同认识世界同时进行的。一旦从小习得一种语言，这种语言就会成为你生活中时时离不开的终身工具，就会在你的头脑中扎下永远抹不掉的根基。这种牢固的母语根基往往又会成为学习第二种语言的障碍。正如英国语言学家艾克思霄所说："学习语言的敌人就是已经掌握了的语言，学生始终发现他的母语是学习另一种语言的绊脚石，总想利用自己的母语代替另一种所学语言。"有人提出，要想学好地道的外语必先忘掉母语。这对长期习惯于用母语思维的人来说，停止用母语思维换成刚学时间不长的外语思维是不可能的。

对于成年人学习外语，母语能起到很好地桥梁作用。我们可以自觉地利用两种语言进行对比，约定俗成地掌握另一种语言系统。我们在学习第二种语言的初期阶段应当充分利用结构主义教学方法，通过语法和翻译对比尽快地建立起另一种语言体系和习惯，以便为进一步语言训练打下牢固基础，这是事半功倍的方法。在没有这个语言基础之前，既不应机械地采用儿童习得母语的方法，也不宜采用西方国家在同一语系中（词汇、语法有许多共同之处）教授第二种语言的直接教学法。只有通过对比才能发现两种语言的差异。不断总结这些差异，才能逐步建立起另一种语言体系和习惯。我们知道，大部分词汇的内涵和外延是不一样的。语法结构是两种语言对比教学中的重要环节。初学者总是自觉不自觉地用母语结构去套用新学的语言结构，结果造出不伦不类的中国式的外语句子。这都是因为初学者对两种语言的语序和词的形态作用以及不同语言词类可以互相转换不甚了解所造成的结果。结构主义教学法，在初学外语知识时有立竿见影的效果，但在练好外语基本功（技能）方面又有极大的缺陷。它过分强调语言的系统性、理论性，而往往忽视语言的工具作用；它只注重语言的历时性，不注重语言的共时性；它不是把语法看成"获得交际能力的重要手段”，而是当成“扭转乾坤的神力”。

二、语言技能的正确提高方法

语言是人类最重要的交际工具。在人们初步学得语言知识并打下一定的语言基础之后，第二阶段就要重点地训练语言技能，也就是言语活动。这和运动员的技能训练很相似，只能靠大运动量言语技能训练才能熟练地运用语言[a]。

（一）培养语言技能要创造真实的语言环境

我们应充分利用直接教学法和功能交际法在这方面所提供的经验，创造真实的语言环境，发挥学生的主动性，让学生更多地参与言语活动，在使用语言中学习语言并通过模仿和有意义的重复让学生习得语言。按巴甫洛夫的神经活动学说，语言是第二信号系统。我们建立第二信号系统就是使语言同它代表的刺激物建立联系，让它直接作用于感官，必须经过大量多次的“刺激—反应”过程。这种刺激的次数越多、时间越长，形成的直接联系也就越牢固，从而取得学习的效果。

（二）培养语言技能要解决的矛盾

其一，语音与非语音的矛盾。语音是人类发出的有意义的声音。当发音和听音不能赋予时，只能是声音，不是语音，或称为非语音。其二，快速和慢速的矛盾。人的大脑对言语的处理是快速和瞬时的，适应大脑处，会像放慢速度的留声机或放慢镜头的录像，不显其本音和真像；其三，有情和无情的矛盾。一般来说，用言语交流思想时，总是具有感情或引起人们感情的变化，完全不带感情的言语就好像没有意义话语一样，是不存在的。

三、语法和词汇的重要表达方式

语言是一个系统整体。语言技能的训练包括听、说、读、写的全面训练。各项技能间既互相联系又互相促进，但在全面训练的基础上也可重点突出一项或两项技能的训练。目前，在学生阅读中，存在的主要问题是词汇量和阅读速度问题。语法是语言的结构，通过系统地学习是容易掌握的；词汇是语言的建筑材料，需要付出艰辛的劳动并通过大量阅读才能逐步掌握。没有语法构不成完整的语言，没有词汇就根本谈不上语言。我国过去采用的结构主义教学法普遍存在着重视语法忽视词汇的现象。据桑坦克教授对西欧 15 个国家学生的抽样统计，词汇量与阅读能力的相关系数是 0.75。据杜诗春教授对我国应考学生的统计，词汇量与 EPT 考试成绩的相关系数是 0.79，与 TOEFI 的相关系数是 0.85。

各种语言都拥有大量的词汇。汉语和英语是世界上比较丰富的语言，连古语和方言语总有几十万词汇。一般情况下，一个人不可能也没有必要掌握一种语言的全部词汇，只要

a　戴炜栋，何兆熊．新编简明英语语言学教程［M］．上海：上海外语教育出版社，2010.

掌握一定量的基础和常用词汇就能顺利地阅读和交际。根据 K.C. 的统计，在现代英语出版物中，2500 个基础词汇的重复率是 78%；5000 个常用词的重复率是 86%，包括次常用的 1 万个词的重复率是 92%。所以，新大纲规定的基础阶段 5000 ~ 5300 个词汇和专业阶段 1000 ~ 1200 个词汇，共掌握 6000 ~ 6500 个词汇是适宜的。

四、培养正确的阅读能力

为了浏览和查阅外文资料，从外文出版物中迅速获得信息，必须具有快速阅读的能力。英、美阅读母语的速度每分钟 350 词为高标准，150 词为中标准，50 词为不合格。上海外语科技中心提出，我国学生阅读英文读物每分钟 150 词为优，100 词为良，50 词为及格。培养和训练快速和熟练阅读能力比较好的方法就是大量的阅读。只有大量地阅读才能使词汇得到重复和巩固，才能培养出综合理解语言的能力，建立起较强的词汇感。国外有些专家调查表明：至少阅读 3000 页的书才能达到熟练阅读是有道理的。

我国对应用语言学的研究起步较晚，但只要我们从实际情况出发，不断地汲取国外各学派的长处，在实践中总结经验，从而探索出适合我国学生学习外语的教学理论和教学体系，开创出外语教学的新局面。

第二章　应用语言学的理论与方法探究

第一节　应用语言学的跨学科性

应用语言学注重研究语言在各个领域中的实际应用，着重解决现实社会中的实际问题。本节从应用语言学的学科发展、学科性质以及任务探讨、分析该学科的动态特点和跨学科性特征，使人们更深刻地认识和运用应用语言学，进而满足社会对该学科发展的需要。

一、性质与任务

一般来讲，应用学科是相对于理论学科而言的。人们传统地认为，一门应用学科就是把本学科的理论、方法与成果应用于任何其他领域。而应用语言学却不尽然，应用语言学有其独特的性质和任务。

（一）应用语言学具有理论基础

传统的认识把语言学分为理论语言学和应用语言学，认为前者指理论，后者只是对理论的应用。而事实上应用语言学不仅仅是一门技术、程序与实用性相结合的学科，同时更注重探索有助于解释人们所面临的完全不同的实践活动的内在原则、依据、规律、假设和理论。应用语言学并不是理论语言学的直接应用，它要在应用中不断地总结和提炼自己的理论，并以此来丰富理论语言学的知识宝库。况且，应用语言学拥有自己的基本理论和边缘理论。因此，应用语言学与理论语言学的关系不是单向的，而是一种双向互动的关系。

（二）应用语言学理论具有多元性

应用语言学动态的发展决定了其多变的本质，它的实质又决定了其研究上涉及的多种学科理论，因此，应用语言学应用的绝不局限于语言学理论。随着社会的发展，为了应对需要解决的不同问题，应用语言学需要不同程度地借助语言学、心理学、神经生理学、信息理论、社会理论（特别是社会学和人类学）、教育学、哲学以及逻辑学等学科理论和研究方法。当然，它所涉及的并不是这些学科的整体，而是某一或几个学科相关的领域。所以说，应用语言学的理论与方法不受任何单一学科的束缚。正是这种连锁学科的多元基础使应用语言学能够致力于解答任何与语言有关的问题。另外，它涉及的理论不仅仅局限于应用理论。如在语言教学研究中，我们还要应用心理学、教育理论、统计学等学科的理论。

（三）应用语言学实质在于理论与实践的结合

Cook 等学者认为，确切地应用语言学应该保证其综合性与开放性，防止把理论与实践割裂开来。应用语言学不仅注重语言和其运用的环境相结合，更是与各种社会实践相结合，其中包括语言的理解。因此，应用语言学的研究过程并非是单向活动，而是一个动态的互动过程。在此过程中，应用语言学的研究成果和实践活动也反馈到语言学诸理论中去，给语言学以启发和充实，进一步丰富理论语言学的理论。冯志伟认为，“应用语言学还是一门实用性的学科。应用语言学同其他应用学科一样，着眼于实际应用，以直接满足社会需要为目的。当然在实际应用中也会产生理论。但理论是应用语言学在实际应用中得到的结果，而不是应用语言学本来所要追求的目的”。

（四）应用语言学并不局限于语言教与学

应用语言学是一门独立且交叉的学科，主要分为广义、狭义两种。狭义的应用语言学研究语言教学；而广义的应用语言学指语言学与其他学科的交叉融合，注重综合运用多种学科的研究手段和研究方法来研究语言。从广义上来讲，应用语言学是研究语言本体和本体语言学同有关方面关系的学科。此外，应用语言学是研究语言在各个领域中实际应用的学科。与此同时，应用语言学是语言学在各个方面的应用以及各有关实际领域的学问的统称。因此，尽管语言的教与学的研究毫无疑问一直得到人们的极大关注，然而，应用语言学研究远远超出了语言的教与学。广义的应用语言学包括语言应用的各个方面，范围是开放的。应用语言学在原则上关注并且能够解决的是任何与语言有关的问题。因此，言语病理学、翻译（包括自动翻译）、写作体系的设计、国家语言计划政策、交际研究的方方面面以及很多其他问题都是应用语言学关注的对象。

（五）应用语言学研究涉及语言学以外诸多学科内容

应用语言学研究的范围很广，它的研究包括诸如语言政策、语言计划、语言变体等实际问题。如美国应用语言学学会（the American Association of Applied Linguistics，AAAL）对 2002 年应用语言学年会的论文论题征求就主要包括 18 个话题范围：

1. 语言与习得（language and itsacquisition）
2. 语言与测试（language and assessment）
3. 语言与智力（language and brain）
4. 语言与认知（language and cognition）
5. 语言与文化（language and culture）
6. 语言与意识形态（language and ideology）

7. 语言与教育（language and instruction）

8. 语言与互动（language and interaction）

9. 语言与听力（language and listening）

10. 语言与媒介（language and media）

11. 语言与政策（language and policy）

12. 语言与阅读（language and reading）

13. 语言与研究方法（language and researchmethodology）

14. 语言与社会（language and society）

15. 语言与演讲（language and speaking）

16. 语言与技术（language and technology）

17. 语言与翻译（language and translation/interpretation）

18. 语言与写作（language and writing）

而国际应用语言学学会（AILA）2002 年年会更是列举了 47 个入会论文的研究话题。因此，应用语言学领域具有开放性的特点，其研究领域不仅涉及以上诸多话题，还涉及地理语言学，即从地域分布的角度研究语言和方言；人名学，探索人名的丰富内涵和丰富的文化特征；地名学，综合研究地名的由来、词语构成、含义、语言特征、演变、功能、分布规律以及地名与自然环境之间关系；词典学，研究按什么范围收词，按什么原则释义和针对什么目标编纂词典等。

由此可见，应用语言学研究大体包括四部分：一是语言教学，主要研究第二语言教学或外语教学；二是语言规划，主要研究语言地位问题和语言文字规范化、标准化；三是广义的社会语言学，研究语言同社会的关系以及语言的社会应用；四是语言本体和本体语言学同现代科技的关系，如语言信息处理和计算语言学。因此，应用语言学既注重语言应用规律和基础理论的研究，又着眼于语言的实际应用研究；既注重思辨性的探讨，又立足于自然观察、社会调查和科学实验。

（六）应用语言学具有动态性和跨学科性

从应用语言学所具有的独立性、综合性、应用性和实验性等性质以及其广泛的研究任务和范围，我们能更深刻地理解应用语言学学科发展的突出特征，即动态性和跨学科性特征。实践研究证明，应用语言学理论与研究的发展是动态的，它研究的不仅仅是语言静止的状态和属性，而是语言在社会实践和科学技术中的活动过程。与此同时，无论是狭义的还是广义的理解，应用语言学都应该涉及语言学与其他学科的相互渗透和作用。这不仅揭示了应用语言学的跨学科性特征，同时如此广泛的研究任务也给应用语言学研究者提出了更高的要求和挑战，该学科的发展要求从事应用语言学研究的人员应尽可能地成为博识多才的、文理兼通的多面手。

二、跨学科性解析

自20世纪中期崭露头角以来，应用语言学已经发展成为一门愈发举世瞩目的重要学科。其发展说明了应用语言学极具边缘交叉学科的特性。应用语言学不仅与交际学、心理学、社会学、跨文化交际学、人类文化学等学科保持着千丝万缕的关联，同时还与语用学、文体学、修辞学、社会语言学、语言心理学、文化语言学、认知语言学、计算语言学、词典学等学科之间有着难分难解的血缘关系。

（一）从应用语言学理论看其跨学科性

从应用语言学理论的多元性特点，可以看出其跨学科性特征。于根远先生曾对应用语言学的一些基本理论进行过深入的讨论，如层次理论、动态理论、中介理论、人文性理论和潜显理论。语言层次理论既是对语言研究方法层次认识的基础，又解释了人的层次、交际的层次以及语言层次等特征。动态理论揭示了语言的动态本质、语言的发展、语言动态发展规律以及语言发展与社会发展的关系。中介理论告诉人们，和其他现象一样，语言也有中介状态，语言发展和运动的过程中存在着个性和共性。人文性理论则揭示了语言的人文性。潜显理论说明语言始终处在潜和显的过程中，而语言学研究的就是语言的潜和显及其相关条件。尽管这些基本理论从不同角度认识语言进而研究语言，但它们之间是相通的，应用语言学理论基础的多元化特征也显而易见。一方面，应用语言学多变的本质和广泛的研究任务所需要的边缘理论更是决定了其跨学科性。因为应用语言学研究总是要借助于语言学、心理学、神经生理学、信息理论、社会理论、教育学、哲学以及逻辑学等理论和研究方法。从另一方面来讲，像文学、社会学、心理学、民族学等都已经充分吸收应用语言学的研究成果为已所用。尤其是当今的计算机科学，完全接受了语言学和应用语言学的理论方法，将其研究成果最充分地加以利用，如计算机字库、词库的建立，计算机自动处理自然语言等都需要应用语言学的研究成果。

（二）从应用语言学学科框架看其跨学科性

冯志伟先生在《应用语言学综论》中讨论了应用语言学研究的学科框架，以语言规划、语言教学和语言信息处理为三大支柱，涉及其他分支学科。这个框架科学并系统地归纳了应用语言学的学科性质和研究范围，也否认了过去仅仅把应用语言学局限于语言教学领域的狭义应用语言学，或者把应用语言学仅仅看成是机器翻译和情报检索，或者把应用语言学看成各种学科的杂凑等狭隘观点。而且这三大框架支柱特别强调了“应用”的重要性，也点明了应用语言学的价值以及应用语言学的跨学科性特征和学科发展方向。

（三）从应用语言学性质看其跨学科性

应用语言学的独立性、综合性、应用性和实验性的四个重要性质显示出应用语言学本身的特色。对这些性质的认识与理解使我们对应用语言学的学科地位在理论上有了更深的理解。应用语言学必须从应用着眼，必须关注语言学跟其他学科的交接点，进而分析语言和语言学应用中的种种现象和问题，并从中探求其一般原则、方法和规律，以建立科学的体系。由此可见，应用语言学与其他应用学科既有共同之处，又有差异，其他学科一般从原学科有分化的趋势，而应用语言学却有浓厚的归属意识。另外，冯志伟先生有关应用语言学的动态观更是印证了应用语言学的性质和跨学科性特征。因为应用语言学研究的不是语言静止的状态和属性，而是动态的，是语言在社会实践和科学技术中的活动过程。

（四）从应用语言学任务看其跨学科性

综上所述，应用语言学是一个广义的概念。可以说，同语言应用有关的所有问题都属于应用语言学的研究范围。同其他应用学科一样，该学科是以直接满足社会需要为发展目标的，其研究范围和研究任务由社会实践的需要来决定。因此，随着社会的发展和进步，应用语言学的研究任务也得到了进一步的扩大和延伸，它囊括了语言生活的方方面面：语言教学、语言习得、机器翻译、情报检索、语言信息处理、词典编纂、文字创制、聋哑盲语、言语病理、语言规划、语言规范化、国际语学、言语交际、信息传递、语言修养、语体风格、语音实验、术语学、社会语言学、心理语言学、神经语言学、数理语言学、计算语言学、语料库语言学、体裁和修辞等。如此广泛的任务充分展现了应用语言学与不同学科的有机联系，也揭示了应用语言学的跨学科性特征。由此看来，如果我们对应用语言学的跨学科性没有正确的认识，就无法真正完成应用语言学任务。

（五）从应用语言学发展看其跨学科性

一门学科的发展，要具备两个相互推动的基本条件：一是社会发展的需要，这是外部条件；二是及时满足社会发展的需要，这是内部条件。近年来，我国的应用语言学得到了比较快的发展。因为从外部条件来看，我国社会生活的进步，科学技术的现代化，改革开放的深化，等等，对我国的应用语言学提出了新的要求，同时也为其发展创造了良好的条件。从内部条件看，重视、关心、参与语言应用研究，是我国自古以来语言研究的传统。与此同时，语言是人类最重要的交际工具，语言的发展与社会的发展密切相关。人们在运用语言的过程中不断改善和扩大它的交际职能。这正是应用语言学产生和发展的原因，也是其跨学科性特征的根基。

随着信息化社会的发展、文化交流的扩大以及高新技术的涌现，语言的应用和语言应用的潜力会不断得以发展，应用语言学研究的跨学科性特征也将更加明确。作为新兴的交叉学科，应用语言学广泛的研究范围和灵活的定义为其发展带来了优势，因为它可以最大限度地适应不同研究任务的迫切需要；且又保证了应用语言学发展的势头，它将在新的理论启发下，在对固有理论的发展和吸收过程中发展与完善。因此，我们应坚持一种开放、博闻、专业的观点来理解并实践应用语言学，同时注重巩固、发扬应用语言学的多元基础以及跨学科和动态发展的特征。

第二节　复杂动态理论视角下的应用语言学

应用语言学的发展，也推动了应用语言学科的研究力度与深度。然而，在传统应用语言学研究中，虽然进一步加深了研究力度，但是在合理性阐释上有所欠缺，如专家学者认为，“语言是静止的”，这虽然有失偏颇，但无法在理论上予以阐明。但复杂动态理论和应用语言学的相融合，就能对“语言是静止的”观点加以驳斥，得出：语言并非是静止的，而是处于相对运动的状态。从复杂动态理论视角加强对应用语言学发展的研究，有助于促进应用语言学实现健康可持续发展。

一、复杂动态理论及其跨学科意义

（一）复杂动态理论概述

复杂动态理论的产生已有几十年的历史，它是以自组织理论、耗散结构理论、协同论、超循环论为重要理论基础发展起来的。2007 年，王瑞华对复杂动态理论概念进行了阐述，认为自我组织与调整的复杂系统具有多样化动力，具有自发性、无秩序性、活跃性等特点，能够将无秩序、混沌等状态调节为特殊的平衡状态。分形是复杂动态理论的基本概念，是动态产物，指结构，具有相互重叠性的特点。把复杂动态理论应用于应用语言学的目的，就是要将人类科学变为人文内容，使科学更好地为人类社会发展服务。复杂动态理论具有开放性、复杂性等特点，因而相关人员在研究该理论的过程中，必须从综合角度加以考虑。

（二）复杂动态理论的跨学科意义

复杂动态理论源自物理学、数学学科，目前在社会众多学科领域中有着广泛的应用，如生物学、社会学、应用语言学、哲学等。该理论在社会众多学科中的应用有着广阔的发展前景，如解决人类客观世界中的棘手问题、对抗非公平因素等，能够为人类社会的可持续发展而服务。每一个学科都是由多个相关联的个体经历长时间磨合的洗礼，最终形成一个有机整体的，它具有时代特征且能够真实反映客观事物本质规律，并指导人类积极推进科学研究的发展。但是，在学科发展中，学术界对不同理论进行解释抑或描述复杂的动态系统，就需要打破学科之间束缚，使学科间界限逐渐模糊。在此研究需求背景下，新学科不断涌现，使传统分离原则逐渐被取缔。学术界认为，要推动社会学科的健康可持续发展，必须在保持各学科相互特点的基础之上，加强学科间的联系。对此，学科分支逐渐增多，并具有独特的特点，但其仍然存在相互叠加部分，这是学科分支不完善的体现。

复杂动态理论与应用语言学科的有机结合，具有跨学科意义，主要表现在以下方面：首先，能够对单独学科知识内容进行碎片整理，使应用语言学科逐渐形成一个整体；其次，从复杂动态理论视角出发，可对应用语言学科进行重新定义，有助于人们更为深入地了解应用语言学科和复杂动态理论及关系。在两者融合时，应用语言学学科占据着主导地位，复杂动态理论具有辅助性作用，为应用语言学科发展注入新鲜血液。由此可见，复杂动态理论具有跨学科意义。

二、复杂动态理论视角下应用语言学研究的发展

（一）复杂动态理论和应用语言学的融合

就复杂动态理论而言，系统动态性是其最为重要的原则，在应用语言学中发挥着重要作用。在应用语言学中，语言进化过程、发展变化、使用习惯等发生系列动态变化，复杂动态理论对研究应用语言学发展发挥着十分重要的作用。在应用语言学发展中，复杂动态理论与它的融合过程经历了一定的发展阶段：第一阶段，Elman 在研究过程中，未能充分考虑语言随时间推移而变化的因素。在这一阶段，复杂动态理论与应用语言学还处于接触阶段。第二阶段，Halliday 在应用语言学研究中，将动态观点引入其中，但复杂动态理论还没有与应用语言学充分融合。第三阶段，Ellis 认为，语言表征理论（特性理论）和语言习得和使用理论（转型理论）相互协调和互补，主要由于语言发展是在稳定环境基础之上而进行的。在复杂动态理论发展中，遇到的主要障碍是关于事物发展是固态的认识观，而该理论最突出的特征就是动态性，强调与其他理论的相互作用。在“蝴蝶效应”的影响下，复杂动态理论对其他理论的细微变化十分敏感，尤其在应用语言学的应用方面，教师向学生传递该学科的知识内容，但学生并非能够完全掌握教学内容，正是非线性原理的作用。而研究这些问题非复杂动态理论莫属。

环境复杂系统性原则是复杂动态理论的另一重要原则，这对应用语言学研究至关重要，因为应用语言学通常与环境密切相关。从复杂动态理论视角看，该理论认为：“知识以环境为重要依托。”语言是复杂的系统，并随着环境的变化而变化。用复杂动态理论指导应用语言学研究，拓展了应用语言学的研究视野，使人们对该学科有了新的认识。如果将语言视为复杂动态系统，则话语就是语言使用的动态活动；从一语和二语的发展来看，中介语并非处在学习者能准确表达目标语言和不能准确表达目标语言之间的过程阶段。

（二）复杂动态理论和第二语言的发展关系

复杂动态理论虽然源自物理学、数学等学科，但是用于应用语言学研究，有助于对该

理论对语言发展规律的把握。基于该理论，专家学者可以对语言能力模式、语言知识结构、语言表现等方面进行深入研究，并使“语言恒定”逐渐成为主流观点[a]。

复杂动态理论在第二语言发展中发挥着重要作用，为学术界研究创造有利条件。首先，Larsen-Freeman 认为，复杂动态理论是应用语言学的跨学科主题。第二语言以计算机为主，属于机械化操作方式。受复杂动态理论的启发，Larsen-Freeman 不仅仅关注语言稳定性，而且对动态不稳固语言模式展开研究，并得出“语言是随着时间变化而不断发展变化”的结论。另外，该学者与 Ellis 合作过程中，期望对习得英语动词语义框架进行定义，但对于学习者而言，在动词语义框架中，第一个动词往往是使用频率较高的动词。两位学者在此基础上，通过计算机模拟而构建动词语义框架数据模型，虽然脱离语境，但对各因素动态作用进行了阐释，在一定程度上促进了第二语言的发展。

此外，学术界许多专家学者从复杂动态理论视角对应用语言学展开研究。Kramsch 认为，建构动词语义框架数据模型时，仅考虑个体差异因素是不够的，还应综合考虑其他方面因素；Dornyei 认为，从特定视角看待二语习得，其语言变异现象十分普遍；Larsen-Freeman 和 Cameron 认为，只有将语言运用于社会生活中，才能实现语言发展。在此过程中，语言使用者的语言资源是因果关系相互转化的结果。

就应用语言学科的发展而言，复杂动态理论是不可或缺的助推器，它赋予人们的是对应用语言学认识的新视角。近年来，应用语言学越趋完善，在社会学科领域中占据着重要地位。复杂动态理论的融入，使人们深刻地认识到“语言并非是静止的”，此认知有利于推动应用语言学科的研究进程。

第三节　应用语言学中“语言能力”的多元性

在针对应用语言学的相关研究进行之中，对于语言能力这一概念所蕴含的内容，语言能力与非母语语言教育与学习之间的关联性，都一直是相关工作者所不懈探讨的问题。对于其所具有的多元性的本质的讨论和应用方向的研究，也是一项极有意义的且值得探讨的课题。本节对于应用语言学的分支之一，语言能力所具有的多元性进行了相应探讨，将多语能力和语言能力之间的关系加以阐释，希望能对应用语言学中语言能力多元性的探讨提供一定的帮助。

语言能力这一概念的出现是比较晚的，而语言能力这一概念在语言学教学中的应用，更是在 20 世纪 60 年代中期才首次予以明确体现。西方进行相关研究的学者在对语言能力的探究过程中，在对各个不同的理念进行了无数的争执与融合后，其所生成的研究成果对

a　王坦．合作学习的理论与实施［M］．北京：中国人事出版社，2002．

于语言能力的内涵和多样性的阐释起到了相当重要的推进作用。若想对应用语言学中语言能力的多样性进行研究，需要从实际应用中出现的交际能力相关问题的分析进行着手，只有丰富对于语言能力及其相关理论的研究的多样性和多面性，才能更有利地推进语言能力及其相关理论在现今社会中的使用和发展。

一、应用语言学中语言能力的相关概念

20 世纪 60 年代，从事语言能力相关研究的学者在对语言能力这一概念进行研究时曾表示，其所进行的对于语言能力的研究，是与语言教学及其相关工作全无关系的一项研究工作。也就是说，对于语言能力的研究和对于语言教学的研究是应该完全区分开并应予以相互独立进行的。但这一理论存世时间不到二十年，20 世纪 80 年代，相关应用语言学专家就明确提出了将语言能力与语言教学相结合，互相促进发展的研究方向。其理论认为，语言能力所蕴含的主要能力——交际能力，是可以对非母语学习起到非常大的促进作用的。自此以后，对语言能力的研究受到了对非母语学习教学方式改革的影响，两者相互辅助，共同进化、共同发展。我国的语言能力研究学者曾提出过相应理论，即应用语言学之所以可以称之为是一个独立于其他学科而存在的完整个体性学科，是因为语言能力下属的分支——交际能力在语言教学过程中被予以使用的必要性，或者说是语言教学过程对于交际能力的侧重性，这项理论获得了应用语言学研究界的广泛认可。在此情形下，对交际能力的理论的相关研究，对交际能力的现实生活中应用的研究，都将对语言能力研究的发展和对其使用方向的拓展起到决定性的作用。在此依据下有相关学者明确指出，从狭义的角度上来看，交际能力和语言能力其实是可以等同的，这种理论也是有其合理性的。

二、语言能力的多元性相关概念

语言交际能力其实就是可以对语言教学过程进行更精准的分解剖析的语言能力具有发展性特质的一个概念。该种剖析的理论性解释，可以对当前应用语言学研究所普遍认同的对于框架内的关于语言能力的理论性分析结果的多元性和综合性研究，起到更好的指导性作用。目前应用语言学术界公认，应用语言学的各种理论概念是由多种多样的学科相交织而成，其中与心理学、教育学、社会学的联系更是密切相关的。在此情形下随着其他学科在研究上得到的发展进步，这些学科的相关学者对语言能力对自己所涉猎学科的相关问题的诠释能力的要求也在不断提高，因此，语言能力理论演变趋势上的理念就应该是：与多种学科相结合的语言能力，演变成为具有与该学科特性相关联的，多元、多维性质的交际能力。在此演变理念上完成对于语言能力的建构时，需要对构建过程中出现的各种限制问题加以综合考虑分析，并相应地予以解决。值得注意的是，在构建过程中所出现的限制问

题，常常是因为语言的相关结构和其所使用的层面差异性所引出。在此情形下，如何以语言能力的相关理念为基础，将受教育者的个体期许、受教育者所处的社会位置所直接指向的相关需求、受教育者自身的认知能力科学的相结合，是语言能力的多元性在实际应用中最具体的体现。在此情形下，在对应用语言学中的语言能力的多元性进行研究的过程中，对于语言能力的概念定义是需要通过不同的个体进行各异性判定的，这种灵活性判定的难度本就比传统的统一化定性定量判断难度高、操作上更繁复。在此情境下，对于应用语言学中语言能力进行的探讨研究和如何通过所得理论对语言能力这一概念进行多元化的内部架设，这都是对应用语言学的实际应用上进行研究的重要研究方向。

三、非母语语言教育学习过程中的多元性体现

非母语语言学习者的语言能力是存在着个体性差异的，无论从单一的技能层面来分析，还是从多层面进行的具有多样性的分析，这种差异都是无法忽视的存在。在此情形下，对于不同的非母语语言学习者，其所需的语言能力都是具有多元性和阶段性。针对有差异的学习者，对其实施语言教育时所授予的教育内容和要素构成也是针对性的，各个学习者之间是不相同的。他们为了达到一定的教学目标，以使所有学习者语言能力达到所预期的同一水平为目的，作为一个教育者，为学生设立具有层次性的标尺，来实现对学习者的非母语语言学习能力的衡量，并通过结果来进行有针对性的特异性教学，这就是极其有必要的。也就是说，语言能力的多元性是由语言学习者的个体性差异而产生的，对多样性的认识与妥善使用，对于非母语语言学习者的语言能力提高可以起到显而易见的积极作用，对于语言能力这一课题的研究也有着积极的影响。

四、语言能力的多元性下的多语能力

20 世纪 90 年代初期，多语能力这一概念首次被提出，其所指的是可以同时运用两种及两种以上语言进行正常的交际沟通的一种语言能力。当前，应用语言学术界对多语能力进行分析认为，多语能力者是拥有两个乃至多个语言系统的，这些语言系统间也是相互关联作用着的。应用语言学术界也普遍认为，在多语能力对于语言能力的提升是有一定正面作用的。在对多语能力者的语言能力进行分析获得结论，多语能力者的各个语言和各个语言体系之间的关系具有统一性、连贯性、相互依存性和相互限制性，或者可以加入一个形容比喻，该种语言形同是一种生态性的语言系统。多语能力者的语言体系中，若是将一种语言再划分为一个小体系，那就可以说这些体系之间，任意两个体系都是存在着“双向迁移”关系的。多语能力是包含语言能力中的交际能力的，且可以说多语能力是二语能力和语言能力的融合体。也可以说，多语能力也是语言能力的多元性的表现形式之一。多语能

力概念的引入，更可以对在对个体的语言能力进行分析时，其分析的多元性引入的必要性做出理论支撑。也就是说，只有具有多元性的语言能力分析，才能将某一语言的特别天赋刨除出对其非母语学习能力的衡量中，客观有效地控制特异性出现，增加其分析结果的准确性，从而增加其相关研究的科学性。毕竟，应用语言学中用于研究的“语言能力”所指的能力是动态的且不断变化着的，正是这种多样性是证明其多元性存在的重要依据。

对学习者语言能力的个体性分析是应用语言学和非母语学习的相关研究上的一项重要的研究课题，对语言能力的相关研究直接决定着对应用语言学的相关理论的进一步研究和对实际教学中教学方法和进度的相应制定。在此情形下，对应用语言学中的语言能力的个体性、差异性的多元性科学的认定，更是对相关语言研究和语言学习上所遇到问题进行合理解决的最先决条件。

第四节　应用语言学研究的多模态分析方法

应用语言学在人类交流中发挥着不可替代的作用，与普通语言学不同的是，其不是对某种语言特征或者使用方法进行直接研究，而是将交际理论作为基础，明确语言在交际中的重要地位。而交际不仅体现在语言使用习惯上，同时还体现在思维和认知上，具有一定的文化性。应用语言多模态分析法来研究应用语言学，能够进一步明确语言在“教”与“学”过程中的特征，对应用语言学的进一步发展具有重要意义。

一、多模态分析法概述

（一）基本理论

一种语言有多种模态形式，主要包括文字、语音、画面等，广播以及阅读小说属于单模态话语，因为其在传播过程中仅仅使用一种模态；看电视及使用可视电话属于双模态话语，因为其在传播过程中同时使用了视觉以及听觉模态。对话语进行多模态分析需要将系统功能语言学作为基础。在所有社会符号中，语言是最重要的一种，但是要想将语言的价值充分发挥出来，需要其他社会符号的支持。例如，一个人在沉默时什么也没有表达，但是在无声中传达了某种含义。多模态话语分析主要研究以下六个问题：第一，需要对多模态话语进行定义；第二，需要对话语进行转录，然后根据转录结果进行分析；第三，多模态话语分析技术有哪些；第四，多模态话语分析的意义是什么；第五，多模态与多媒体与多媒体语言学习之间存在怎样的关系，前者可以为后者提供怎样的支持；第六，多模态话语分析会对应用语言学的研究和发展产生哪些影响。总之，在多模态分析方法的支持下，对应用语言的研究实现了从文本到现场即席话语的突破，同时语料库也不断丰富，我们可以将其作为基础对应用语言学进行深入研究。

（二）分析方法

多模态分析中一般都会使用分析软件，本节主要介绍使用性较强的软件 ELAN，使用者可以在固定网站上直接下载。该软件可以对人在说话中的所有表现进行分析，如话语内容、判断内容的逻辑性；也包括说话者的表情以及动作等，如面部是微笑还是紧张，肩部和手部是否做出什么动作，这些动作预示着什么等。之所以能够具备以上功能，就是因为其在对视频文件进行分析时采用了多层级同步标注方法，能够对说话中表现出来的所有元素进行同步分析。总结来说 ELAN 软件具有以下几个优势:第一，视频的播放精确度较高，可以精确到 0.01 秒，用户可以根据自己的需要对视频进行精确定位，进行循环播放;第二，标注具有同步性，会与声音和图像同步呈现出来；第三，用户可以根据自己的需要自由定义标注编码表，标注层数不会受到限制；第四，可以将所有标注链接起来，实现纵向对比；第五，用户可以根据自己的需要和自身条件合理选择输出格式，该软件可以对 mp4、media、quick time 等多种文件的格式进行标注。如果文件为 avi 格式，可以先利用视频转换软件将其转换为 ELAN 允许的格式以后再进行标注操作。

二、多模态分析法在应用语言学研究中的重要意义

多模态分析方法将言语行为理论、语言合作学习理论、关联理论以及心理学理论等多种相关理论作为基础：一方面分析了语言本体在交际过程中发挥的作用；另一方面分析了非语言符号对交际过程的影响，其中包括神情、动作、语气以及音乐等，这些符号与语言结合起来才构成了完整的交际。很多时候仅仅依靠语言无法准确地判断出说话者所要传达的完整信息，非语言符号在一定程度上起到了重要的补充说明作用。我们可以从以下几个角度来理解多模态分析法在应用语言学中的重要意义：

其可以丰富语用分析关于语言使用的客观描写。人们在平时生活交际中，很多时候都喜欢使用一些非语言符号来传达自己的意愿，从而实现交际目的。也就是说，语言模态与非语言模态之间是无法被割裂的，在理解语言的过程中无法完全将非语言模态排除在外。例如，在道歉说“对不起”时，语气里需要充满歉意，表情要严肃，否则别人可能就感受不到道歉的诚意，达不到道歉的目的。

其可以帮助人们判断出一些非语言符号在表达和理解中的作用。语言和非语言模态信息之间存在一种内在联系，所有符号有机结合起来才能构成完整的交际体。例如，路牌标识上不仅仅要标注清楚名称，同时还要用箭头标明方向，否则标识就失去了意义。

三、应用语言学研究的多模态分析方法

（一）ELAN 软件简述

前面提到过，ELAN 软件是一种实用性较强的多模态分析软件，其主要具备以下几种功能：一是可以对语言类型进行定义，包括文本、表情以及语音等。用户有权利进行添加、删除和修改操作。二是对层级进行定义。基本操作与上一步相同，用户同样有权进行添加、删除和修改操作。三是视频标注。语言类型及层级定义完成以后，输入标注内容。四是查找。用户可以根据自己的需要在系统中找到自己需要的标注，并自由选择输出格式。例如，如果用户想要在文件中找到所有的降调标注，就可以这样操作：在屏幕上点击查找菜单，弹出查找对话框以后，在其中输入找到对象，点击查找按钮，文件中的所有降调标注就会显示出来，包括一共有几处，每一处持续多久，开始和结束的时间分别是什么。五是替换。用户可以对查找结果做替换处理，具体操作与上一步大致相同，弹出替换对话框以后，将需要替换的编码输入进去，完成替换操作。

（二）多模态分析在第二语言中的应用

1. 问题的设计

在研究多模态分析在第二语言中的应用时，将四名英语教师的课堂录像作为基本语料，其中包含两位男教师、两位女教师，主要研究音韵特征在英语课堂教学中的辅助作用，分析几位教师使用了什么样的音韵策略，取得了怎样的效果。经过多模态分析以后需要解决以下几个问题：第一，几位教师在音韵特征上是否有相同之处？第二，这些音韵特征在教学过程中发挥了什么作用？第三，不同教师在选择音韵策略时是否存在差异性？

2. 赋码方案的确定

研究问题确定以后，需要设计一个赋码方案，方案主要分为三部分：一是音韵特征，二是句型；三是功能特征。具体编码如下：音韵学用 [P] 表示，升调、降调、平调以及先升调后降调的代码分别是 [PIR][PIF][PIL][PIRF]。在对功能部分进行编码时，直接用功能首字母的组合代表编码。例如，提问功能的编码是 [FAQ]，结论功能的编码是 [FDC]。之后就可以按照这个赋码方案对视频文件进行标注，本研究中定义了九个层级，具体如下：一是 transcription，就是将教师的口头语言转换成文字；二是 sentence pattern，标注了各种类型的疑问句；三是 pause ；四是 stress ；五是 intonation ；六是 silence ；七是 tempo，三、四、五、六、七是音韵特征范畴，在赋码方案中占据重要位置；八是 function，其将角色作为划分依据；九是 note，主要作用是解释说明。

3. 分析过程

在对课堂视频进行标注的过程中我们会发现，英语教师在课堂中发挥重要作用，其总

共扮演了三个角色：一是组织者。任何教学活动都在教师的组织下进行。二是辅助者。学生的学习过程离不开教师的辅助。三是合作伙伴。教师与学生之间是平等互动的关系。分析表明，教师在扮演不同角色时所使用的音韵策略也有所不同，如在引起或者结束话题时（包括评论、总结等），一般会使用降调伴随重音，此时学生能够感受到教师的权威性；而在吸引学生注意力（叫人回答问题、表扬学生）时，一般会使用升调，此时学生更能感受到轻松或者是被肯定。这些结论是对视频文件进行定性分析后得到的，为了对这些结论进行进一步验证，可以使用软件定位功能播放相关阶段视频；如果还需要进一步定量分析，则需要将标注结果输出。

最终统计结果表明，教师在扮演组织者角色的时候，引起或结束话题时多使用降调，吸引学生注意力时多使用升调；教师在扮演辅助者或者是合作伙伴时，大多数使用升调。四位英语教师在使用音韵策略时有一定的共性，使用停顿、重音以及语调的场景大致相同且音韵重复策略在英语课堂教学中发挥了重要作用。

（三）多模态分析在母语中的应用

采用同样的方法对母语的应用进行分析，这里以主持人开场白为例。同样需要解决三个问题：第一，主持人开场白体现了哪些音韵特征？面部表情及肢体语言如何？第二，以上几点特征对主持行为产生了哪些影响？第三，以上非语言符号如何与语言符号结合起来发挥作用的？

根据以上几个问题可以将视频标注设置为四个层级：一是话语内容，将语音符号转写为文字符号；二是音位，包括停顿、语调、重音以及节奏等；三是肢体动作，包括面部表情的变化、眨眼频率以及手势等；四是功能，如面部表情发挥了什么功能，手势发挥了什么功能等。层级标注完成以后同样需要编制编码表，与第二语言教学视频中的标记相同，分别用 [PIR][PIF][PIL][PIRF] 代表升调、降调、平调以及先升调后降调。

之后需要对主持人开场白讲话数据进行统计分析，然后输出标注结果，讲话内容、音韵、肢体动作等频率以及所对应的功能或者说达到的效果就会以一一对应的方式直观地显示出来。对标注结果进行统计分析以后得出以下结论：首先，视频中主持人的开场白中经常使用音韵策略，语调以及停顿的使用成功吸引了观众的注意；其次，面部表情比较丰富，会在适当时间使用手势或者是移动位置，给人自然、放松的感觉；最后，语言内容具有较强的梗概性，沉稳却不失幽默。总结来说就是该主持人成功使用了音韵策略以及肢体语言等，将语言符号与非语言符号巧妙地结合在一起，充分展现了主持人的风范，达到良好的主持效果。

随着语言研究理论的发展，人们对应用语言学的研究越来越深入，多模态分析法的发展为应用语言学提供了新的研究方向。这种方法打破了原有将语言作为唯一研究对象的模式，同时对色彩、音韵、肢体语言等进行研究，明确这种非语言符号在交际中的重要作用，对应用语言学的进一步发展具有重要意义。

第五节 语言学和应用语言学中的定量型研究方法

现代社会科学向自然科学借鉴，在很多领域移植了定量型研究这种以精确为特征的方法和技术，这自然有它非常积极的意义。近年来，我国外语教学和研究学术界频频听到和看到“实证性研究”“定量型研究”的字样，此类文章占发表论文的比例也在增长。

一、定量型研究

质量和数量是两个基本的哲学概念。唯物主义辩证法认为，一切都是质量和数量的具体统一。质量是把事物与其他事物区分开来的内在规定，它定性地显示了事物之间的差异。数量是可以用量来表示的量化，而物体存在的尺度和发展则表明物体之间的差异。定性和定量也与事物的性质和数量方面息息有关。定性研究和定量研究是两大类科学研究。定性研究可以使用观察、实验、理性思考，或与定量数据相结合来做出判断和推论，并发表意见。论证主要通过文本进行；定量研究以经济学、心理学、教育学、社会学等数据为基础。管理等许多领域已经移植了定量研究的方法和技术，并成为了解国情、人的状况等方面的重要工具。它也日益渗透到我们的日常工作和生活中。对教育、新闻、市场的调查以及人事部门对干部职工的调查和评价，都在一定程度上采用了定量研究方法。就语言学和应用语言学而言，量化研究也很常见。例如，语料库语言学和语言习得专注于使用经验方法来研究语言的结构和用法。在我国的外语教学与研究学术界，实证型文章已成为论文和外语教学论文的主流趋势。

然而，鉴于自然科学和社会科学之间的各种差异，如研究对象的性质、媒体语言等，应该对社会科学研究的数字化有更客观的理解。自然科学使用人造语言（如数学语言和各种计算机语言等）研究宇宙中各种常量物质的现象。社会科学也被称为“软科学”。它讨论了人类的行为、信仰、态度和思想。它审查人与人之间的互动和社会习俗和机构。人类行为和社会生活是流动的、不可预知，不容易观察，更不用说使用实验仪器来精确测量。另外，人们的想法是抽象的，需要通过语言来表达。语言通过社会习俗自然形成。吴铁平明确指出，自然语言与人工语言的本质区别在于前者含糊不清。其他差异包括：自然语言是开放的，人工语言是封闭的，自然语言中存在语言和语言差异，而人工语言则是中文，它不是；在自然语言中，除了科学术语（接近于人工语言）外，许多词语具有多重含义。人工语言的特点是每个符号都是明确的；自然语言中存在许多含糊之处（尽管通常可以消除语境），设计人工语言的目的之一是避免歧义；自然语言的许多元素已经包含在话语的预设中。这些谓词不需要用文字表达，但与计算机类似。用于沟通的人工语言必须预留给所有预设，否则可能会导致误解。

二、语言学和应用语言学中的定量型研究

从语言学的主流来看，定量研究并不多。语言学数据为基础的研究使用语料库。从目前形式主义和功能的两个主要理论范式来看，前者认为母语人士可以使用他们自己的语言材料，而一些功能主义学校则强调他们必须使用自然语料库。

应该指出的是，上述两种理论范式所涵盖的领域属于索绪尔内部语言学的范畴。虽然功能主义强调语言外部因素对语言的影响，但其最终目标是分析语言结构。总体趋势是以建构理论为主要任务，推导出新的原则和方法。虽然两个阵营的研究目的、对象、观察方法和对语言数据的态度各不相同，但它们都强调理论，所使用的数据及其所进行的分析基本上都是定性的。

然而，近年来有一种趋势值得注意，那就是语料库语言学的逐渐兴起。语料库语言学是一种典型的定量研究方法。它使用大量自然生成的语料库作为对象，使用统计技术和定性分析方法来描述语言的结构和用法。它可以应用于几乎所有的语言研究领域，如词汇、语法、话语、语言变异、文体学、历史语言学等。在 20 世纪 60 年代和 70 年代，基于数据的实证研究方法被主流语言学中的理性主义的影响所忽视，语料库语言学因其技术难度而未被注意到。然而，随着近年来计算机技术的进步，再加上语言的哲学思潮向经验方向的回归，语料库语言学方法的优势日益明显，取得了显著成效。

真正意义上的语言学定量研究往往存在于边缘学科，如心理语言学、社会语言学，第一语言和第二语言习得等“外部语言学”。这些学科主要用来探索社会、文化、心理学和语境等外部因素与语言的联系和相互作用，所用的一些方法具有科学的特点。他们定量研究常用技术，通过实验、调查、访谈和内容分析来收集数据，并注意使用经验方法来研究语言的结构和使用。

三、为什么要关注定量型研究

作为一种研究方法，定量研究在发达国家社会科学研究中非常流行，技术相当成熟。这是了解国情、人情和其他方面信息的重要工具。许多反映社会和经济状况的指数和尺度是定量研究的结果。定量研究技术和这些技术的使用已成为国际惯例。

语言学和应用语言学的定量研究有三个主要功能：首先，它可以量化不能量化的语言现象和特征，如各个领域中某些词汇或语法结构的出现频率；其次，它可以解释事物之间的关系，如注册与语言结构特征之间的关系，然后以量化的方式解释语言使用和语言风格

（发音）之间的关系；最后它与实践密切相关，有利于应用，如研究语言习得者获取语言词汇或结构的顺序，结果可以直接应用于教学和教材编写。

定量型研究的目的是对事物进行分类、比较，以获得更准确的信息。但如果测量工具本身就具有一定程度的模糊性，何以企求以此手段获得的数据会提供非常精确的量化信息？社会科学的研究对象与研究工具的特性都决定了定量型研究这种以精确为宗旨的研究方法在社科研究中的有限适用性。

第三章　现代语言学的理论流派

第一节　现代语言学的开端

一、索绪尔思想的来源

为什么 19 世纪末和 20 世纪初会出现索绪尔这样伟大的思想家？他的时代为他的卓越成就提供了哪些条件？当时各门科学中的主要思潮又是什么？

索绪尔的语言理论不是凭空出现的，而是与当时社会科学的思潮有密切的联系，尤其与社会学、心理学、语言学、哲学，甚至经济学的发展是分不开的。

（一）社会学

索绪尔时代的社会科学处在一个十字路口。德国的唯心主义哲学和经验实证主义哲学都认为，社会是一个"结果"，是一种次要的、派生的现象，不是实质的东西。实证主义者继承了英国哲学家休漠（David Hume，1711—1776）的哲学思想，把世界分成客观的、物质的现象和主观意识，并认为，社会属于后者，是个人感情和行为的结果。英国哲学家本瑟姆（Jeremy Bentham，1748—1832）写道："社会是个虚构的东西，是社会成员的总和。"这就是说，除了每个个人，社会并不存在；个人是分析者摸得到的唯一现实。德国哲学家黑格尔（George Hegel，1770—1831）派认为，法律、举止、习惯、国家等，都是心智的表达而已，所以只能作为结果来研究。这就等于说，对社会的研究不能成为一门科学。正在这时，出现了法国著名社会学家迪尔凯姆（Emile Durkheim，1858—1917）。

迪尔凯姆是现代社会学的创始人。他著有《社会学研究方法准则》（*Rules of the Sociological Method*）和《论自杀：社会学研究》（*On Suicide：Sociological Studies*）。迪尔凯姆创建了一套新的理论，使社会学从此成为一门科学。他首先给"社会事实"（socialfact）下了定义，把它看作物质的东西，与自然科学所研究的物质性质相同。他说，社会事实"是一种行为，不论其是否有固定性质，它对每个人都有'外部制约'（externalconstraint）……其主要特征是，在特定社会中具有最普遍的意义"。什么是外部制约？比如说，我在街上遇到一个朋友，并没有人强迫我讲什么，但又不能不打招呼也不讲话。这种自觉或不自觉地要遵守的规范，使我们的行为成为社会事实，这种规范就是外部制约。我们吃饭、穿衣、走路、说话等，都要符合社会规范。

迪尔凯姆说：“显然，一切教育都是为了强加给孩子们一种观察问题、感觉事物、采取行动的某些方式，这是孩子们不能自发得到的。……到了一定的时候，孩子们不再感到这种制约，因为这种制约逐渐使人自觉产生某些习惯和倾向，制约也就不必要了。”他认为，所谓社会事实就是“集体心智”（collectivemind）中的思想。这种思想超越每个社会成员而存在，间接地、不完善地反映在个人的头脑之中。有些不善于思考的社会成员可能永远也不会认识到关于社会行为的规范，但他们的确是遵守这种规范的。所以，迪尔凯姆说，法律、衣着、性别、言语等都是有具体影响的，它们像石头和力（force）一样，应该被看作物质的东西。

迪尔凯姆反对用历史原因来解释当前的社会现实。他认为，社会事实不受历史发展阶段的约束和限制。他说，如果近期社会是早期社会的简单继续，那么每种社会只是前一种社会的复制品而已。实际上，一个社会接替前一个社会时总会失去一些特征，并获得一些新的特征，因此与前一个社会有本质的不同。

迪尔凯姆的思想可能影响到了索绪尔的语言观。既然语言与生物物种不同，那么语言学作为一门学科，应该是什么概念呢？如果语言不是物种，那么应该从什么角度去研究？索绪尔用当时新兴的社会学来回答了这些问题：语言也是一种“社会事实”。任何语言，不论是英语、法语、汉语，不像房子、桌子、椅子那样的物件。但任何物件都属于一定的类别和范畴，这个范畴主要包括法律制度和规范的结构。那么语言也属于这个范畴。能实际观察到的语言（嗓子发出的音、印刷文字等等）都是物理现象，但是在能观察到的物理现象与内在的规则系统之间是有区别的。

语言行为也有外部制约，那就是一种抽象的语言系统。这种系统同一切社会规约和惯例一样，是一切成员同意遵守的、约定俗成的社会制度。这种系统是通过教育强加给社会成员的，使每个成员没有其他选择。它存在于集体心智之中。虽然许多语言使用者可以纯熟地使用语言，但他们并不懂得这个抽象系统是什么。如同社会事实一样，语言也不受历史发展的限制。任何时期的语言，我们都可以不问其历史状况而独立地进行描写和分析。《普通语言学教程》自始至终体现了这些基本原则。这并不是说索绪尔仅仅借用了迪尔凯姆的思想去分析语言事实。索绪尔在《普通语言学教程》中从未提到过迪尔凯姆，但是迪尔凯姆的理论是当时哲学界的主要思潮之一，索绪尔不可能对此漠不关心，或一无所知。

（二）心理学

索绪尔还受到奥地利心理学家弗洛伊德（Sigmund Freud，1856—1939）的影响。弗洛伊德提出了精神分析治疗法，其理论的科学价值在此不加评论，但他提出了一个重要概念，即“下意识”（the unconscious）。他设想，在原始社会里，有一个妒忌心很强、蛮横无理的父亲，妄图霸占所有女人，把长大成人的儿子们统统赶走。几个儿子合伙将父亲杀死并吃掉。儿子吃掉父亲是为了能够获得父亲的权力和地位。弗洛伊德假借历史原因来解释社会中的规范和心理情结，目的是说明如今继续存在着一个“集体心理”（collectivepsyche），这称为“下意识”心理。他认为，正因为有这种“下意识”心理，一件事情过去之后，继续深深地影响着人类。在人类心理组织中，内疚之情不仅可以产生行为，而且可以产生欲望。这种“创造性的内疚感”使一种行为的影响永远在人的心中记忆犹新。就是说，人的内疚感不一定直接产生于具体事件。弗洛伊德说，前面假设的杀父之罪也许从未发生，几个儿子可能只有杀父的“念头”。但念头本身也足以警告后人避免诸如此类的行为。正是这样，人类逐渐形成一个底层心理系统。人们对这种心理系统并没有意识，但时时受它支配和控制[a]。弗洛伊德用这种方法说明，无须再到历史中去寻找最初的原因，这种原因已在人类心理中内化了。

弗洛伊德的观点符合当时的结构主义思潮，即把任何行为都看成是受一个规范系统所制约。社会的规范在于“集体心智”，语言行为的规范在于语言规则，心理上的规范在于心理组织的机能。这些规范系统独立于人的意识而存在，却无时不起着积极的推动作用。语言也应该是这样的。人无法说明他自己的语言知识，但他说话、听懂别人讲话、识别语言错误时，无不受到语言规则的限制。

（三）语言学

在语言学方面，索绪尔受到美国语言学家惠特尼（William Dwight Whitney，1827—1894）的巨大影响。惠特尼是耶鲁大学的梵语教授和比较语言学教授，他基本上是以新语法学家（Neogrammarian）的传统研究语言的，但不同之处是他提出了符号（sign）的问题。惠特尼认为，语言是建立在社会规约上的一种制度（institution）。他通过坚持符号的任意性这一概念，区分了人类交流与动物的本能交流。索绪尔说，惠特尼通过强调语言的任意性并认为语言是建立在社会规约上的一种制度，把语言学引上了正确的轨道。对索绪尔来说，意义之所以存在，就是因为意义之间有差异，正是这些意义上的差异才能让人使用语言形式。语言形式并不是历史的延续遗留下来的，而是它们具有不同的功能，能区分和产生不同的意义。

（四）经济学

不少人认为，索绪尔还受当时西方经济学思潮的影响。他的语言学理论，如语言系统与语言现象（languevs.parole）、组合与聚合（syntagmaticvs.paradigmatic）关系以及共时与历时（synchronyvs.diachrony）等概念，都可以在经济学中找到。由于价值（value）与价值理论一直是西方经济学研究中的核心概念，索绪尔把经济学称作研究价值的科学，所以

a　哈格德．MOOC 正在成熟 [J]．王保华，何欣蕾，译．教育研究，2014，35(5)：92-99，112.

认为，语言学和经济学都是研究价值的科学，虽然历史主义（historicism）旨在研究价值的根源，共时论（synchronicity）旨在研究价值的效应而不考虑其根源。索绪尔的系列二分法以及自己所偏向的研究重点，把语言学真正带上了一条科学之路。

（五）哲学

为了明确解释意义（signification）的本质并开创一门研究符号的科学，索绪尔把自己的理论建立在西方哲学中“在场”（presence）和“不在场”（absence）的经典关系上，即现实世界与虚拟世界之间的对立。对索绪尔来说，语言现象（parole）属于现实世界中的“在场”，语言系统（langue）属于虚拟世界中的“不在场”。现实系统被认为是复杂的、多变的，而虚拟系统是稳定的、不变的。建立这个框架的好处在于探讨语言的虚拟系统，人就可以得出一套稳定不变的系统，不用在语言现象的真实系统中摸索千变万化的不可预测的活动和行为。通过提出“语言系统”这一虚拟的模式，人就不需要把主要注意力放在“语言现象”这一系统中，也就是说，通过人们所说所写去研究构成所说所写现象后面的潜在规律这一系统的结构。这个原则实际上是理解结构主义的基础哲学及其对20世纪科学研究产生影响的关键所在。

以上这些思想来源，能给我们一种理解问题的方法，可让我们更清楚地了解为什么有些系统是存在的。描述一个系统，意味着分析能看得见的东西，那是因为这个系统并不是明显的“存在”，但却一直影响着所有的人类行为。

二、索绪尔的理论

可以说，索绪尔与迪尔凯姆、弗洛伊德等有影响的社会科学家一道为研究人类行为开辟了一条新的途径。他们发现，人类行为是客观存在的东西，但又不同于自然科学家所研究的物质。在自然科学中，人们可以不顾别人的印象或感觉，对物质进行独立的分析。在社会科学中，不能忽视人们对行为的主观印象。主观印象正是行为具有的社会意义的一部分。例如，一个动作被视为表示尊敬，另一个动作被认为表示蔑视，是因为社会本身赋予不同行为以不同的意义，这正是由规范组成的系统所决定的。因此，社会科学研究的不是社会事实本身，而是社会事实与其社会意义的结合。这就要求人们把社会事实放在整个社会框架中，去探求它们的社会功能。换句话说，一个行为本身没有内在的、必然的价值。鞠躬表示敬意、男人不穿旗袍，这些现象里并没有内在的生理原因，而是由社会规约和惯例规定的。

但索绪尔是最先注意到语言的复杂性的。他把人类语言看作一种非常复杂而且异质的现象。即使是一个简单的言语活动，也包含着要素独特的分布，并且可以从许多不同的甚至互相冲突的角度去综合考虑：声音、声波、听觉装置、说话者所要表达的意图、指称、交流语境、说话者和听话者之间的规约、语法和语义规则、语言史，等等。索绪尔认为，语言是一个符号系统（a system of signs）。声音可以当作语言，是因为它们表达了思想；否则，就只是噪声。要表达思想，声音就必须成为规约系统的一部分，也就是符号系统的一部分。

索绪尔的理论直接把我们的注意力导向语言的本质，也明确了作为科学的语言学所研究的对象。他写道："语言学家从来没有想过确定它们所研究的对象的本质，如果没有这个环节，科学就不可能有正确的方法。"他的理论可归纳如下：

（一）语言符号的本质

索绪尔认为，语言符号结合在一起的，不是一个物体和一个名字，而是概念和声音形象（sound-image）。这两者结合在一起，才构成了语言符号的全部。他把概念叫作"所指"（signified），把声音形象叫作"能指"（signifier），这样就把它们区分开来，同时也把它们与其共同组成的整体区分开来。例如，"树"是一个语言符号；它的声音形象 shù 是能指，它所指的那种植物就是所指。这两者的特定关系是一个任意的实体。与语言符号的任意性相关联的是能指的线性特性（linear nature）。能指，是能听得到的，所以是在时间这个维面上展开的。因此，能指代表了一段时间，而这个时间段可以得到测量。这一发现与符号的任意性理论同样重要。

（二）语言单位的关系性质

由于能指与所指的关系是任意的，那么就没有理由把某一个能指给予某一个概念。因此，在一个能指与所指之间没有必然的属性。能指只不过是一个系统里的成员，通过同一系统内其他成员之间的关系得到界定。索绪尔写道，在所有情况下，我们发现的并不是"早已存在的思想"，而是"源于这个系统的价值"（Saussure）。当我们说，这些价值与概念相对应，就应该这样理解，这些概念是纯粹的区别性造成的，并非由于其内容决定，而是由于其系统中与其他词语之间的关系决定的。最主要的特征是，它们的属性不由自主的"是"来决定，而由别的词语的"非"来决定。

（三）语言系统与语言现象的区分

这是语言系统与语言的实际现象之间的区别。索绪尔写到，把 langue 与 parole 相区别，我们同时也区别了社会性的和个人性的东西，也区别了主从两个类别（Saussure）。他认为，语言学家的任务就是研究 langue，即语言系统。研究语言系统的语言学家，不是描述言语行为，而是确定组成语言系统的单位和组合规则。

把特定的语言事实与属于语言系统本身的东西相区分，具有重大意义。它导致了语音学（phonetics）与音系学（phonology）的分野，也导致了研究话语（utterance）与研究句子的分野。实际上，这从根本上区分了制度（institution）和事件（event），也区分了人类行为的内在规律与一个个具体的行为的不同。通过这个区分，索绪尔为语言学找到了一个正确的研究对象，也让语言学家更清楚自己在干什么。

（四）共时与历史的区分

语言学上的共时与历时之区分，就是静态语言学（staticlinguistics）与进化语言学（evolutionarylinguistics）之分。索绪尔把语言的功能与下棋相对比来做解释。首先，语言的状态很像一盘棋。就像棋子的价值取决于它在棋盘上的位置一样，每一个词语的价值来自与其他词语的对立。其次，系统总是瞬间的，不断在变化，由一个状态进入另一个状态。尽管价值取决于不变的规约，但在一盘棋开始前就存在的一套规则，在每走一步后都起着作用。语言规则一旦被认可，也会一直延续下去。最后，从一个静止状态进入另一个静止状态，只需要挪动棋子。有些棋子的挪动，对全局影响很大，而有些棋子的挪动，对全局影响不大。无论如何，每挪动一步，都会对整个系统产生影响。

但这个区分也面临着一些质疑和挑战，因为语言学研究的共时与历时之间不可能非常清楚地进行区分。首先，语言是一直在变化着的。语言不可能静止下来让我们描述，我们也不知道某一个新的词或短语到底是否被人们接受，是今天还是昨天接受的，是今年、去年还是前年。语言变化的过程漫长而且缓慢。其次，任何言语社团里的语言都不统一。不同社团的人讲的语言总有不同的变体，到底描述哪个变体，是很难确定的。不论你如何描述，总会有人对你的描述提出挑战，他会说“我从来不那样讲”。再次，语言变化时，并不是一系列特征突然间被另一系列特征所取代。

在历时研究中，对比语言的不同形态时不考虑其各自的时间阶段；否则，语言的变化就不明显或者缺乏代表性。共时描述优先于历时描述之说，就是先要描述语言的状态然后才能对比。并不是说，描述语言的当前状态时，不用了解其先前的状态。实际上我们常常需要了解语言的先前状态才能准确地描述其当前状态。简而言之，对语言历时变化的研究与其共时的变体研究之间有非常紧密的关系。

面对所有这些语言的外观以及人们可能达到的不同看法，语言学家就必须询问自己，他试图描述的到底是什么东西。索绪尔认为，语言是一个符号系统，声音只有当其用来表达或交流思想时才被以为是语言；否则，它们只是噪声而已。为了交流思想，它们必须是规约和惯例系统的一部分，也必须是符号系统的一部分。这里所谓的符号，就是形式和意义的联合，索绪尔称之为能指和所指。尽管我们称其为能指和所指，似乎把它们看作彼此分离的独立体，而实际上它们只有相互结合作为符号的组成成分才能够得以存在。符号是语言事实的核心，因此，我们想要区分什么是根本的、必然的，什么是次要的、偶然的，就必须从符号自身的特性入手。

三、索绪尔的遗产

索绪尔也最先指出符号学方法事关语言研究。他认为，只要有符号，就有系统。表示意义的行为都有共性，如果要研究它们的本质，就不能孤立地看待，而必须把它们放在一个系统中综合考虑。这样的话，看不见的或潜在的东西就变得可观和明显。尤其是非语言活动被看作“语言”的时候，这种方法有很重要的意义。

语言学可以作为符号学（semiology）的研究模式，因为语言中的符号任意性和规约性非常清楚。非语言符号对于使用它们的人来说，没有什么特别需要注意的。但要研究其意义，就需要费很大力气，因为一个动作和行为表示什么意义并不因为其必然的和内在的特质，而是规约和惯例所表达的意义。索绪尔写道：符号的任意性原则没有人反对。但是发现真理往往比为真理定位来得容易。上面所说的这个原则支配着整个语言的语言学，它的影响是多方面的。事实上，这些影响不是马上能看得很清楚的；人们经过许多周折才发现它们，同时也发现了这个原则是最重要的。

顺便指出，等到将来符号学建立起来的时候，它会提出这样一个问题：那些以完全自然的符号为基础的表达方式，如哑剧——是否属于它的管辖范围。假定它接纳这些自然的符号，它的主要对象仍然是以符号任意性为基础的整个系统。事实上，一个社会所接受的任何表达手段，原则上都是以集体习惯或约定俗成为基础的。例如，那些往往带有某种自然表情的礼节符号（试想一想汉人从前用三跪九叩拜见皇上）也仍是依照一种规矩确定下来的。强制使用礼节符号的正是这种规矩，而不是符号的内在价值。所以我们可以说，完全任意的符号比其他符号更能实现符号方式的理想；这就是为什么语言这种最复杂、最广泛的表达系统，也是最富有特点的表达系统。正是在这个意义上，语言学可以成为整个符号学中的典范，尽管语言也不过是一个特殊的系统。

索绪尔的符号学理论不仅开辟了一个新学科，而且为许多社会科学奠定了方法论基础。尽管符号学是一门年轻的学科，但事实证明能指与所指之间的关系无处不在，赋予社会符号特殊意义的潜在系统，是值得研究的。现在人们认识到，很多被认为是习以为常的事件，其实后面都有一定的习俗、制度和社会价值的制约。符号学的发展，当归功于索绪尔这位伟大的思想家和语言学家。

索绪尔实际上对现代语言学产生了两个重大影响。首先，他提出了一个总方向，让语言学家明确了以前从未质疑过的研究对象。在这个意义上讲，索绪尔是现代语言学之父。其次，他影响了现代语言学研究的一些具体概念，如符号任意性、语言单位之间的差异关系、语言系统与语言现象的区分、共时和历史的区分等等。尽管这些概念都不是索绪尔首次提出的，但他的重大贡献在于开创性地推动和发展了这些概念，现代语言学的发展可以说是对这些准确概念及其意义的研究。因此可以说，索绪尔推动语言学进入了一个标志性的新时期，20 世纪的所有语言学都是索绪尔语言学（Saussure an linguistics）。

第二节 布拉格学派

布拉格学派（布拉格语言学会）的形成可以追溯到 1926 年，马泰休斯领导召开了该学会的第一次会议。布拉格学派实践了一种独特的研究风格，即共时语言学研究。它对语言学最重要的贡献就是从"功能"的角度来看待语言。布拉格学派一度成为影响语言学发展的最为重要的源头，甚至可以毫不夸张地说，"欧洲任何其他语言学团体都没有像布拉格语言学会那样产生了如此巨大的影响""布拉格学派曾影响到美国语言学的每一项重要发展"（Bolinger）。尽管第二次世界大战爆发后布拉格学派的活动突然中断，但捷克斯洛伐克国内的语言学活动一直没有停止。其间发表了很多有价值的论文，但都是用捷克语或斯洛伐克语。

一、语言理论

在布拉格学派形成的诸多观点中，有三点至关重要：第一，对语言的共时研究由于可以得到全面的、可控制的语言材料以供参考而被充分强调。与此同时，也没有严格的理论藩篱将之与历时语言研究相分离。第二，布拉格学派强调语言的系统性（systemic）这一本质属性。指出语言系统中的任何成分，如果从孤立的观点去研究，都不会得到正确的分析和评价。要做出正确的评价，就必须明确该成分与同一语言中相共存的其他成分之间的关系。换句话说，语言成分之所以存在，就在于它们彼此在功能上的对比或对立。第三，布拉格学派在某种意义上把语言看作一种"功能"，是一种由某一语言社团使用的、用来完成一系列任务的工具。

布拉格学派最杰出的贡献是区分了语音学（phonetics）和音系学（phonology）。根据索绪尔对语言（langue）和言语（parole）的区分，他们认为，语音学属于言语，音系学属于语言。在此基础上，他们提出把"音位"(phoneme)概念当作语音系统中的一个抽象单位，区别于实际发出的音。为了确定音位，他们使用"互换测试"（commutatio ntests），就可以确定出改变意义的语音（如 bat/bet/bit）所具有的区别性特征。

这一基本概念被用在句法分析上。马泰休斯从句子所传达的信息角度来看待句子，认为句子有两个部分：第一部分是"主位"（theme），即从上文能得到的已知信息，对要传达的新信息没有很大作用。第二部分是"述位"（rheme），是要传达的新信息。例如，He loves linguistics 中的 He 是主位，loves linguistics 是述位。主位和述位的区分，对各种语言变体和不同语言的结构分析都有用处。后来发现，这与决定信息分布的潜在规则有关，于是出现了“交际动力”（communicative dynamism）概念。一个语言成分具有的交际动力强度，就是这个成分帮助把交际推向前的程度。

从音位、词、短语和句子的功能出发，有些学者把语言的功能当作一个整体来研究。布勒（Karl Bühler）在1934年提出，语言有三种功能：表达（expressive）功能、意动（conative）功能、指称（referential）功能。就是说，语言可以：①表达说话者的感情；②影响听话者；③表现真实的世界。由于一句话语同时表达的功能不止一个，所以布拉格学派语言学家提出了第四种功能——美学（aesthetic）功能，即语言可以为艺术服务。在布勒的三分法基础上，雅各布森1960年又提出了三个功能：寒暄（phatic）功能、元语言（metalingual）功能、诗学（poetic）功能。寒暄功能建立和维持人际交往的关系，元语言功能描述语言本身，诗学功能与布拉格学派的美学功能一致。

布拉格学派早期研究主要有三个方面：①为语言事实的共时研究方法做了理论上的开拓；②强调语言的系统性特征；③强调语言在已知语言社团中所发挥的功能。

给布拉格学派语言学思想带来系统和结构概念的是俄国学者雅各布森和特鲁别茨科伊。在20世纪20年代末，雅各布森明确指出，如果孤立地看语言，不可能做出正确的分析和评价。要对一个语言里出现的成分进行正确的评价，必须考虑同一语言系统中的其他成分。他相信，在一个系统里，成分之间的关系经常受到影响并被其他的关系所取代，这些变化的主要目的就是保持这一语言系统的平衡。20世纪50年代以后，新一代的布拉格学派语言学家继承老一辈人的传统，继续钻研。他们的理论可以归纳如下：

（一）语言的演变

语言不是一个绝对统一、封闭的系统，而是一个开放的、包含着相互依存的子系统的系统。子系统就是通常说的语言的各个层面——语音、形态、词汇、句法。这种子系统相互依赖的重要性在于：其中一个子系统发生变化就会导致同一语言中另一个或多个其他子系统发生变化。

（二）语言系统

雅各布森明确指出，没有一种语言具有完全平衡的系统。任何语言系统都有结构上的缺陷。虽然美国语言学家霍凯特和派克用“模糊点”（fuzzypoints）来形容，但布拉格学派语言学家把这些结构缺陷称作语言系统中的“外围成分”（peripheralelements），与“中心成分”（central elements）相对立。即使语言结构有缺陷，也并不影响用结构方法研究语言；相反，这正好符合语言系统作为一个动态结构的看法。如果语言系统不是动态的，如果语言结构没有缺陷，语言也不可能发展。

语言系统不平衡的动态性是语言交际功能的必然结果。使用语言谈论的这个客观世界是不断变化的，而且越来越复杂。因此，语言就要不断打破自己的平衡以适应这种复杂性和交际功能的需要。这在词汇层面上尤为明显。为了描述日新月异的科学技术事实和社会现实，使用语言的人必须有新的词汇手段或给已有的词汇添加新的意义。在这种意义上讲，没有任何一种语言可以完美地执行所有交际任务，任何一种语言也不可能达到绝对平衡的状态。

（三）标准语言（standard language）

语言作为一个开放、动态的系统，这一概念可以用来分析标准语言。布拉格学派最先提出了完善的有关标准语言的功能理论。这个理论以“灵活稳定性”（elastic stability）的假设为依据。其灵活性特征是充分尊重语言系统的动态本质，其稳定性特征是强调语言的系统性（systemic）本质。对于语言社团的成员来说，书面语言标准是某种稳定的规范，不仅保证人能相互理解，还能保证整个语言里有统一的美学价值。

“功能文体”（functional style）这一概念来自布拉格学派的一个认识：语言与言语行为之间有某种关系，因此，分析文体就是分析语言的不同功能。这种功能的基础就是语言的结构特征。但是，研究文体不仅仅意味着研究语言的词汇和语法特点，而且要研究语言的组织原则或者说是功能性结构。词汇语法特征与组织原则之间存在着根本的不同，因为组织原则是独立于语言的成分。

（四）主位与述位

功能和结构方法使布拉格学派语言学家更深刻地看到了日常生活中话语的组成方式。在 20 世纪 30 年代，马泰休斯修正了传统语法中主语和谓语的概念，以“主位”和“述位”来代替。虽然英美语言学家在 50 年代提出了类似的“话题”（Topic）和“评述”（Comment）之区分，但马泰休斯的概念能够分析各种语言的结构并且分析出尚未知晓的句法学和文体学中的特色。

主位—述位的区别常常与主语—谓语之分相对应。我们说“张三打了李四”或 John killed Mary，因为我们已经在讨论着张三或 John，想说的是他做了什么，或者说，听话的人已经知道张三打人或 John killed someone 的事实，我们想告诉被打或被杀的人到底是谁[a]。但是，如果听话的人知道李四被打或 Mary was killed，那么我们就要把“张三”和 John 放在述位，把“打了李四”和 killed Mary 放在主位，必须说“李四给张三打了”和 Mary was killed by John。

（五）语言功能

布拉格学派研究语言的方法对揭示语言的感情功能尤其重要。在布勒的三分法中，虽然第三个功能表达的是反映被表达的超语言现实（extralinguistic reality）的实际内容，但第一个和第二个功能都是为表达感情服务的。从这个角度研究实际话语的重要性在于：总能发现表达感情的语言完全是使用非感情交流目的的语言。例如，用表示女性的代词指

a 吴春梅. 试析互动模式在高中英语教学中的应用 [J]. 中学课程辅导（教学研究），2013，7（26）：97.

称没有生命的物体，可以被看作感情色彩很强的一个信号：The poor little car，she had a breakdown. 这就使我们自然而然地总结出一个结论，语言使用的文体差异是使用语言的人在表达上的不同，实际上它们表达的是一样的超语言现实。使用语言的人在已有的语言资源和手段中做出了适当的选择，而且这一选择过程是为了不同的具体目的服务的。例如，一次旅行可以用不同的语言手段描述，取决于说话的人讲给亲密朋友、上司或写成游记在刊物上发表等等目的。选择过程中的这些差异实际上与语言的所有层面有关。

二、音位学和音位对立

布拉格学派最突出的贡献在于其音位学说以及对语音学和音位学的区分。波兰语言学家科迪尼（Baudouin de Courtenay，1849—1929）早在 1870 年就区分了索绪尔后来命名为 langue 和 parole 的概念，在 1876 年区分了语言的静态和动态特征，在 1881 年又提出音素和音位是两个不同的语言学单位。他对布拉格学派语言学家的影响非常大，其中最具影响力的学者是特鲁别茨科伊。

特鲁别茨科伊生于莫斯科，其父是莫斯科大学教授，给他提供了很多参与学术讨论的机会。15 岁时他就开始发表民间故事方面的学术论文。1908 年进入莫斯科大学后，学习哲学和心理学。从第三学期开始，转向语言学，修了印欧语言的历史比较语言学课程。从 1913 年到 1914 年，他到莱比锡听布鲁格曼（Brugmann）和拉斯金（Raskin）等人的课程。1915 年回到莫斯科大学，任历史比较语言学副教授。1917 年移居国外，1922 年开始在维也纳大学任教。1929 年后，他的研究兴趣转向音位学。

他最完整和权威的论述都集中表述于 1939 年出版的《音位学原理》一书中。这是他历时 12 年苦心钻研的成果，去世前在病床上口授的。遗憾的是，离全书完稿还差 20 多页的时候，他与世长辞，年仅 48 岁。后来，他的著作被译成德语、法语、俄语出版。

特鲁别茨科伊在讨论音位时沿用了索绪尔的理论。他明确提出，语音学属于“言语”，而音位学属于“语言”，因此，首创了研究语言的独特方法“音位学”。他对音位学的定义是：研究语音功能的学科。因而，他和布拉格学派其他语言学家都被称作“功能主义者”。

在日常生活中，我们可以发现语流中的音并不十分清楚。每一个音，只要与别的语音或别人发出的音有区别，都不是在一个准确的点上产生，而是在一个适当的范围内。比如，tea，two，tar 这三个词中的 /t/ 就不相同。只要在这个范围内，这个语音有好几种体现的方法。一旦一个语音的体现超出了这个范围，就会被理解为另一个音或说话者在表达别的东西。如果不顾语音的意义，我们就能发现，每一个语音都有独有的特征。有些音没有意义，不会使词汇的意义发生变化。而有些音会使词汇的意义发生变化，因为它们有区别性功能。这可以从元音系统中看出。讲英语的人在这个区域范围内更有区别性。哪些音有明显的区别性特征？决定它们的是意义。不表示语义差别的语音差异不是区别性的，而是属于音位层面的。事实上，并不是语音本身来区别音位的，音位只是语音的对照性功能。因此，音位的定义就是这些区别性功能的总和。它不是一个具体的东西，而是一个抽象的概念，只有语音在区别意义的时候才是音位。

音位有三个特征:（1）有区别性;（2）是最小的语音单位;（3）只能通过区别性特征来确定。不同的语言有不同的音位系统，一种语言中具有明显意义的语音在另一种语言里并不明显。即使说话的人有微小的语音差异，只要他的发音基本正确，我们都不会理睬这些小差异而能明白他的意思。同样，当我们确定意义差别的时候，我们看到的是最基本的区别性特征。这是音位学的基础。

特鲁别茨科伊在给区别性的语音特征进行分类时，提出了三条标准:（1）它们与整个具有对立性质的系统之间的关系;（2）对立成分之间的关系;（3）区别力的大小。这些所谓的对立可以被概括为:

①双边对立(bilateral opposition)。如果两个音位所共有的语音特征只属于这两个音位，它们的对立就叫双边对立。换句话说，就是它们共有的特征不同时出现在其他音位中。例如，/p/ 和 /b/ 就共有一个“双边”的特征。

②多边对立（multilateral opposition）。这是一种更为松散的关系。例如，/a/ 和 /i/ 仅仅因为都是元音这个特征而彼此相似，它们共有的“元音”这个特性也同时被其他的元音共同拥有。

③均衡对立（proportional opposition）。如果同一项特征同时可以区分若干组音位，这种音位对立就叫作均衡对立。例如，英语里清与浊的关系（如 /p/ 和 /b/）就是均衡对立，因为它们之间的对立与 /t/ 和 /d/，/k/ 和 / g / 之间的对立特征相同。

④孤立对立（isolated opposition）。如果两个音位的对立关系是独特的，是其他音位对立中找不到的，这两个音位的关系就是孤立对立。这种对立特征不能被语言中其他音位分享。例如，英语中的 /v/ 和 /l/，前者是一个唇齿摩擦浊辅音，后者是一个双边辅音，这就是孤立对立。

⑤否定对立（privative opposition）。如果两个音位的对立是一个具有某种特征而另一个不具有这种特征，就称为否定对立。例如，送气的 /p/ 和不送气的 /b/ 的对立，鼻化音 /m/ 和非鼻化音 /b/ 的对立。

⑥分级对立（gradual opposition）。如果两个音位的对立是一个具有不同程度的同一特征，就称为分级对立。

⑦ 等价对立（equipollent opposition）。如果两个音位可以在逻辑上看成是等价的，既不是分级对立，又不是否定对立，就称为等价对立。例如，英语中的 /t/ 和 /p/，/t/ 和 /k/。

⑧中和对立（neutralizable opposition）。如果两个音位在有些位置上是对立的，而在其他位置上失去对立，这就称为中和对立。例如，英语中的 /p/ 和 /b/ 出现在 /s/ 之后就失去

对立。再如德语中的浊辅音，在词尾位置上就变为清辅音：Rat（劝告）和 Rad（轮子），书写形式不同，但发音却完全一样。

⑨ 永恒对立（constant opposition）。如果对立的音位可以出现在一切可能的位置上而不会取消对立，则称永恒对立。例如，在尼日利亚的努皮（Nupe）语中，一般音位结构是一个辅音跟着一个元音，只有少数例外。/t/ 与 /d/ 的对立是在一切辅音位置上都不消失的对立，就是永恒对立。

特鲁别茨科伊对音位理论的贡献涉及四个方面。首先，他明确指出了语音的区别性功能并且给音位做出了准确的定义；其次，通过区分语音和音位以及文体音位学（stylistic phonology）和音位学，从而界定了音位学研究的范围；再次，通过研究音位的组合关系、聚合关系来解释音位间互相依赖的关系；最后，他提出一整套用于音位研究的方法论，如确立音位的方法和研究音位结合的方法。

三、区别性特征

特鲁别茨科伊发现了对立的特征，雅各布森进一步发展了音位学理论。

雅各布森曾就读于莫斯科大学东方语言专业。从 20 世纪 20 年代初开始在布拉格做研究和教学工作，直到 1933 年纳粹占领捷克时才离开，“二战”期间的大多数时间在美国纽约避难。1949 年，到哈佛大学。实际上，雅各布森是欧洲与美国语言学传统之间为数不多的纽带人物。雅各布森 1955 年出版的《音系学与语音学》（*Phonology and Phonetics*）是区别性特征理论的杰出代表。他在声谱基础上分析了语音，为语音学和音系学都做出了重大贡献。比如，语音描述就是根据发音部位和发音方式对待和研究语音的。那么描述英语辅音时，就会写出课本上常用的那种复杂图表，这种方法不但烦琐而且不科学。科技的发展，可以使我们通过音响特征来区别声音。为了区别两个不同的音，如 /t/ 和 /d/，就可以描述其特征并描述其音响符号。以前只描述一个音是怎么发出的，现在可以描述这个音听起来是什么样子。

古典布拉格学派的理论把语音特征仅仅当作划分音位的依据，但雅各布森把特征本身（而非不可分割的音位）当作音位学的基本单位，并进一步拓展了有关理论。

语言学分析逐步把复杂的言语单位分解成语素，又把这些最小的意义单位分解成能相互区别的组成部分。这些组成部分叫作“区别性特征”。这样的话，语言和语言分析就有两层内容：一方面是语义；另一方面是特征。

这些特征，每一个都涉及在一组对立的情况下做出的选择。雅各布森区分了两大组固有的特征，有十二种对立，几乎概括了所有语言的音系特征。所有这些固有特征可以分为两大类，叫作音响特征（sonority features）和音调特征（tonality features）。前者很接近韵律力（prosodic force）和量的特征（quantity features），后者很接近音高特征（prosodic pitch features)。

雅各布森把最小音位特征的概念看作与现代物理学中取得的成果相似，即物质是由基本微粒组成的。区别性特征理论揭示了构成语言音位的最基本特点。这一理论对音位学的重要性在于：建立在音响特征之上的区别性特征创造性地揭示了音位对立，而不是描述语音特征。

四、句子功能前景

句子功能前景（Functional Sentence Perspective）是一套语言学分析的理论，指用信息论的原理来分析话语或篇章，其基本原则就是评价话语中每一个部分对全句意义的贡献。

一些捷克斯洛伐克语言学家对以功能的视点分析句子的问题投入了相当大的注意力。他们认为，一个句子总是包含有出发点和核心，所谓话语的出发点，是说话人和听话人都知道的东西——这是他们的共同点，叫作主位。而话语的目标，仅仅表现对听话人来说意义重大的信息，叫作述位。从概念出发点（主位）到话语目标（述位）的运动，充分揭示了大脑本身的运动。不同的语言使用不同的句法结构，但是表达思想的次序基本相同。基于上述论点，他们提出了“句子功能前景”这一概念，用来描述信息是如何分布在句子当中的。句子功能前景主要涉及已知信息（被给信息）和新信息在话语中的分布形成的效果。所谓已知信息，是指那些对于读者或听者来说并非新信息；而所谓新信息，是指那些将要传递给读者或听者的信息。正像我们看到的那样，主语、谓语的区别并不总是对应于主位和述位。

马泰休斯对句子功能前景理论的最大贡献是探索了它所发挥的作用。他认为，词序现象构成了一个以词序原则（word order principles）为特征的层级系统。这个层级系统取决于这些原则运行的程度和方式。在捷克语的词序系统里，最主要的原则是句子功能前景：主位—过渡—述位的序列把词序转换成非感情性的、无标记的，而述位—过渡—主位的序列会转化成感情性、有标记的序列。马泰休斯的“过渡”是指实际上属于述位但处于外围状态而介于主位与述位之间的那些成分。他认为，在交流过程中，语言的词汇语法手段会因说话人当时的需要而被用来达到具体的目的。在与交际语境的要求相适应的情况下，词汇单位会获得意义，而这个意义从语法上来讲，总有一个主语和谓语，并分裂成主位和述位。

丹尼斯（F.Danes）和其他学者提出了句法研究的三个层面：语义层面、语法层面、语境界面（句子功能前景）。早在 1926 年，尔特勒（V.Ertl）就区分了语法主语（grammatical subject）、逻辑主语（logical subject）和心理主语（psychological subject）。例如，表达某人或某物的特性的逻辑主语是语义层面上的现象。马泰休斯把语义与语法结构看作可以在不同语境下发挥作用并表现出不同前景的手段，因此他区分了两种句子，一种属于语言系统，另一种属于语境的一部分（即话语）。但是丹尼斯认为，话语现象显示出的模式正好是句子功能前景理论研究的对象。与这三个层次相一致，就可以区分语义句型（Semantic Sentence Pattern）、语法句型（Grammatical Sentence Pattern）、交际句型（Communicative Sentence Pattern）。就可以想象出一种语境，在这种语境里，语义结构与语法结构（如 John has written a poem）可以在动作者—动作—目标（Agent-Action-Goal）的语义句型、主语—动词—宾语（Subject-Verb-Object）的语法句型以及主位—过渡—述位（Theme-Transition-Rheme）的交际句型模式下充当话语。

在探索结构与功能的关系时，费尔巴斯（Jan Firbas）明确提出了“交际动力”（CD）的概念。其基础是，语言交际并不是静态的现象，而是动态的。费尔巴斯的这个概念是指信息形成过程中表现出来的交际特征。交际动力的大小是一个语言成分所起的作用或者说是语言成分对交际影响的程度，因为它“向前推进交际”。因此，在正常语序里，He was cross 可以从交际动力的角度来解释为：He 负载的动力最低，cross 负载的交际动力最高，was 介于两者之间。

费尔巴斯认为，研究语言材料中决定交际动力程度分布的规律，可以更深入地认识语言功能。任何成分——句子、短语、词、语素都可以得到突出，以形成明显的反差。如 John was reading the newspaper 中，强调 was 就说明其他都是已知信息，只有 was 是待传送的信息，与现在时形成反差。在这种情境下，唯一传送新信息的成分是独立于上下文的，而其他所有传递已知信息的成分则依赖于上下文。因此，由于语境因素的存在，对上下文依赖与否主要取决于交际的目的，在 John has gone up to the window 中，the window 未必在上文是已知的，但是既然交际的目的是要表达“运动的方向”，the window 必然独立于上下文而出现。如果一个宾语与上下文无关，如在 I have read a nice book 中，a nice book 比限定动词拥有更大的交际力，这是因为宾语是表示对动词的扩展，因而也就更为重要。同样地，如在 He was hurrying to the railway station 中，独立于上下文的表示地点的状语成分要比行为动词的交际力更大。这是因为状语成分表示出动作的方向，因而比动词本身更为重要。

在确定独立于上下文的成分所负载的交际力时，有两个需要重点考虑的因素：①语义结构；②在线性排列中语言成分的位置。首先，对句子功能前景层次上的语义结构而言，如果一个宾语依赖于上下文，那么它就比限定动词负载着更大的交际力。这是因为，前者比后者中的这一部分更重要。其次，不依赖于上下文的地点状语成分要比表达运动的动词含有更大的交际力。表达动作的方向时，状语成分比动词的交际力更大。例如，在 I do not know you were hurrying to the railway station 中，were hurrying 并不比 to the railway station 含有的交际力大。

如果动词、宾语以及状语不依赖于上下文，通常主语负载的交际力都要比动词、宾语及状语更小。这是因为主语表示出来的施动者，无论是已知还是未知，它的交际性都不如由限定动词表示出来的未知动作或是该动作所指向的未知的目标（由宾语和表地点的状语表现出来）重要。例如，在 A man broke into the house and stole all the money 中，其交际的最终目的是要陈述行为（the breaking and stealing）以及行为的目标（the house and the money），并不是那个施动者（a man）。但是，如果主语伴随着一个表示“存在”或“出现”意义的动词（也有可能是一个表示时间、地点的状语），而且主语是独立于上下文的，那么这个主语就具有最大的交际力。这是因为一个新人物出场或者某一事件的发生，人物或事件本身要比（诸如当时当地的背景等）场合和“出现”的动作重要得多，如 An old man appeared in the waiting room at five o’clock。而在 The old man was sitting in the waiting room 中，如果主语依赖于上下文，表示时间或地点的状语却不依赖上下文，这些状语就会变得更为重要，而且具有超过主语和限定动词的更大的交际力。在以上例子的结构中，语义内容和关系决定了交际动力的程度，而且它们与语言成分在线性排列中的位置没有直接关系。但是，并非所有的语义内容和关系都能以同样方式表示交际力的程度。例如，语境独立的不定式放在句末时，负载的交际力较小，试比较：

He went to Prague to see his friend.

In order to see his friend，he went to Prague.

同样，不受语境制约的直接宾语或间接宾语，出现在线性排列中位置靠后的那一个成分，交际力要大些，如 He give a boyan apple 和 He gave an apple to a boy。

费尔巴斯把句子功能前景定义为“不同程度的交际力的分布”。他的解释是，排列的第一个成分负载的交际力最低，然后逐步增加，直到交际力最大的成分。但是，相对于主位在前、过渡居中、述位在后的规则来说，总是有些例外的情况发生。而且，有时候整个分布场都不受语境的制约（如 A girl broke a vase）。一方面，主位也不一定总是受语境的制约。但是，一切受语境制约的成分总是主位的。另一方面，非主位的成分总是独立于语境，但并非所有独立于语境的成分都是非主位性质的。

在实际分析过程中，遇到的情况要更复杂。费尔巴斯分析了英语中六类谓语动词的特征。第一类是以 What did you say？为代表的疑问句有两种功能。一是表示提出问题的人希望知道什么；二是告诉被问的人需要提供什么信息。第一个功能是由 what 来实现的，第二个功能由其他部分实现。但是，句子的其余部分有好几个功能性前景：What did you say？ What did you say？和 What did you say？

第二类是以 They were booked up too，really... 为代表的。这个句子中的动词显然是已知信息，交际力基本消失。

第三类是以 The proprietor was most friendly 为代表的。英语动词中只有 to be 的语义因素最弱且交际力极小，只构成“过渡”。

第四类是以 Then I retired to a seat in a park and spent half an hour o rso... 为代表的。这

类句子的动词语义成分也很弱，后面常常跟着一个独立于上下文的宾语成分，因此，动词本身的交际力很弱，构成“过渡”。

第五类是以 We missed the news last night 为代表的。这类句子中的动词可以通过韵律特征（重读）达到对比的效果，从而获得极大的交际力，构成真正的述位。

第六类是以 Well, that does sound nice 为代表的。这类句子中的动词韵律特征功能最强。但其功能不是由动词的意义部分 sound 来完成，而是靠情态部分 does 来完成。

据费尔巴斯统计，在这六类动词中，第四类出现的频率最高。揭示出词序仅仅是交际力分布的手段之一这一事实，具有深远的意义，因为虽然词序会有不同或变化，但在一个分布域（distributional field）内的语言成分之间与交际动力有关的关系总是不变的。

布拉格学派兴盛的时间虽然并不长，但它在语言学史上的意义是重大的。布拉格学派的语言学理论，全面深刻地体现了结构主义思想，使他们得出的原则具有普遍意义，从而使语言学研究走上了科学的道路。20 世纪的美国音位学、功能语法理论和文体学，都离不开布拉格学派的理论，如音位学理论和句子功能前景理论。

第三节 哥本哈根学派

在布拉格学派语言学家研究语言学理论的同时，以丹麦哥本哈根为中心，诞生了结构主义三大流派之一的另一个语言学流派——哥本哈根学派。该学派成立于 1931 年，在欧洲结构主义的传统基础上继承和发扬了索绪尔的结构主义理论，在现代语言学史上具有重要地位。

哥本哈根学派人数不多，主要代表人物是叶尔姆斯列夫（L.Hjelmslev，1899—1965），其他代表人物有尤尔达尔（H.J.Uldall，1887—1942）和布龙达尔（V.Brondal）。

叶尔姆斯列夫生前曾任哥本哈根大学哲学系所属的比较语言学和语音学研究室主任。他一生的著作有百余种，不过集中反映其理论观点的著作是《语言理论导论》（*Prolegomenatoa Theory of Language*）一书。这位丹麦语言学家 20 世纪 50 年代才受到真正重视。他的理论极大地影响了后来提出层次语法（Stratificational Grammar）的美国语言学家兰姆（Charles Lamb）。

哥本哈根学派继承了索绪尔关于语言是一个符号系统、语言是形式而不是实体等观点，并进一步加以发展，从而形成了一个与布拉格学派极不相同的结构主义学派，有人称之为语符学（glossematics）。语符学强调语言学理论的本质和现状以及语言与描述之间的关系。同时也区分了系统与过程，即对任何一个过程来说，都有一个相应的系统，在这个系统里，过程可以得到描述。语符学的主要特征之一是强调研究关系而不是物质对象。物质对象可以被看作功能性的。

哥本哈根学派的特点是偏重纯理论研究，具体语言分析方面的著述极少。因此，即使是赞成这个学派观点的一些语言学家也不得不承认哥本哈根学派的理论对语言科学没有多大的实际用处。例如，美国结构主义语言学家加尔文（Paul Garvin）就曾指出："当你理解了《语言理论导论》的观点时，你会感到一种享受。但是，这本著作对于具体的语言分析帮助不大。"尽管哥本哈根学派人数不多，而且又偏重纯理论研究，但它在现代外国语言学诸流派中，仍占有重要地位，这大概是因为这种理论顺应了许多人文科学和精密科学发展总趋势。

哥本哈根学派和布拉格学派都力图贯彻索绪尔的语言理论，但是这两个学派却以索绪尔语言理论的不同方面为依据，因此其结论也各有差别。哥本哈根学派的代表人物叶尔姆斯列夫抛弃了索绪尔关于语言的社会本质的论点，关于音位的物质性的论点，排除了索绪尔理论中与语言现实有联系的组成部分，而把索绪尔关于语言是一个符号系统、关于语言和言语的区分、关于语言是价值体系、关于语言是形式不是文体等论点发展到极致，得出了一个在逻辑上前后一贯的、自圆其说的语言理论体系。所以，我们可以把叶尔姆斯列夫的语言理论看成是对索绪尔语言理论的片面解释，当然其中也不乏叶尔姆斯列夫本人的独到见解。

叶尔姆斯列夫在早期研究中相信，词序相当重要，研究表达应该优先于研究意义。后来在研究了格的范畴后认为，研究意义应该优先于研究表达形式，因为格可以由意群来界定。最后，他采取了一个非常抽象的研究方法，提出语言系统含有很多关系，语言学研究的重点应该是这些关系，而不是表现这些关系的成分。

叶尔姆斯列夫的《语言理论导论》是他语言学理论诸方面问题研究的高度概括。在这本书中他讨论了常量和变量问题、语言图式和运用、分析的实体、语言与非语言、符号学等。叶尔姆斯列夫对语言的描述无疑具有浪漫主义色彩，但他确实注意到了语言的重要特质：语言的遗传性、社会性、重要性，与思维的关系，与文化的关系以及语言与言语的区别等。

叶尔姆斯列夫明确指出，不该把语符学与索绪尔的理论等同，很难说索绪尔的观点是如何在思想中具体形成的，而他自己的理论和方法在接触到索绪尔的观点之前就已经逐渐形成了。回过头来阅读索绪尔的《普通语言学教程》，更加证实他自己的许多观点。他说："索绪尔以前的语言学中，任何问题都是从个人行为的角度提出的。言语活动被缩小为个人行为的总和。新语言学理论与传统语言学的原则区别和转折点正是在这里。索绪尔尽管承认个人行为的重要性及其对语言变化的决定性作用，从而对传统观点做了充分的让步，但是他终于建立了与以前根本不同的原则：结构语言学，格式塔语言学（Gestalt linguistics），它应该代替，至少是补充以前的纯联想的语言学。"

叶尔姆斯列夫提到的"格式塔语言学"，也就是按照格式塔心理学建立的语言学。他认为，结构语言学实质上就是格式塔语言学。“格式塔”，是指任何一种被分离的整体而言的，格式塔语言学就是反对元素分析，强调整体组织的语言学。叶尔姆斯列夫认为，这种语言学才是真正体现了结构主义精神的结构语言学。在他看来，结构语言学必须强调，语言现象是一种格式塔，是一个“被分离的整体”，整体并不等于部分的总和，它并不是由若干个部分组合而成的，整体乃是先于部分而存在的，并且它还制约着部分的性质和意义。

叶尔姆斯列夫公开声称，哥本哈根学派是从属于用结构主义方法研究语言学的一个学派。他说：“没有必要提及那些在语言学中应用结构主义方法而得出的结论。只要指出下述情况就足够了：有了结构主义方法之后，语言学才彻底脱离了主观主义及不精确的状况，才脱离了直觉的、纯粹个人的论断，而最终有可能变为真正的科学。……当语言学成为结构主义的语言学时，它才是客观的科学。”叶氏的主要观点包括以下内容：

一、语言的本质

叶尔姆斯列夫总结了前人对语言的观察，全面地阐述了语言的性质。他认为，语言是取之不竭用之不尽的资源。“语言，即人的话语，是永不枯竭的、方面众多的巨大宝库。语言不可与人分割开来，它伴随着人的一切活动，语言是人们用来构造思想、感情、情绪、抱负、意志和行为的工具，是用来影响别人和受别人影响的工具，是人类社会的最根本、最深刻的基础。与此同时，语言又是每个人最根本的、不可缺少的维持者，是寂寞中的安慰；在十分苦恼时，诗人和思想家是用独白来解决思维矛盾的。在我们有意识之前，语言就已经在耳边回荡，准备环抱我们最初思想的嫩芽，并将伴随我们的一生。不论是日常最简单的活动，还是最崇高的事业，或者私人生活，人们一分一秒也离不开语言。是语言赋予我们记忆，我们又借助于记忆得到温暖和力量。然而，语言不是外来的伴侣，语言深深地存在于人脑之中，它是个人和家族继承下来的无穷记忆。而且，言语是个人性格的明显标志，你不论是何种性格；它又是家庭和民族的标记，是人类的崇高特权。语言与性格、家庭、民族、人类、生活之联系如此紧密，我们甚至有时怀疑语言是这一切的反映，或者是这一切的集合，是这一切的种源。”

要建立一门真正的语言科学，而不是辅助性的科学，语言学就必须抓住语言的本质，不是把语言当作一种非语言现象的聚合，而是自足的、本身结构的总和。只有这样，才能真正地、科学地研究语言[a]。

二、语言学理论与人文主义

通过纯形式方法研究具体语言结构的理论，在考虑言语变化音素的同时，不能只注意

a 左滢.ACTIVE教学模式在高中英语读写结合课中的实践研究：以Schoollife教学为例[J].英语教师，2017，17(04)：141-143+154.

这些变化。根据语言的符号逻辑理论，叶尔姆斯列夫认为，语言学不同于历史、文学、艺术等人文科学，语言学理论要发现一种常量（constant），使之投射于现实。在任何过程中，必然有一个系统；在任何变动中，必然有一个量。语言学的任务就是演绎地建立这个系统，这个系统将预见到语言单位的各种可能的组合。因此，它必然要高于单纯描写的科学。正是这种常量不是语言以外的某种“现实”中的东西，它决定了语言的本质，使一切实体与变体基本一致。传统语言学所采用的归纳法只能指出不同语言中的差异，而不能引导研究者得出他们所要追求的常量，因而不能建立语言理论。真正的语言学必须是演绎而来的。

三、语言学理论与实证主义

叶尔姆斯列夫认为，语言学理论要受实验数据检验。他的原则是，描写应该不出现前后矛盾，要详尽无遗，而且要尽量简单明了。但坚持经验/实证主义原则并不意味着坚持归纳法。叶尔姆斯列夫认为，归纳法有明显的缺陷，发现的是变量，不是常量，如“完成”“虚拟”“被动”等概念在不同语言中指不同的事实，所以他坚持，语言学研究应该采用演绎法，从一般到具体，是分析而不是综合。尽管实证主义原则与归纳法似乎有矛盾，但他说只有通过这个办法才能更为全面地对待语言问题。一方面，语言学理论要能经得起语言事实的检验；另一方面，语言学理论应该囊括所有语言事实。也就是说，理论与事实应该互补。虽然语言学理论依赖于语言事实，但语言事实也可以依赖于理论。从任意性的角度来看，这样的理论也许不现实。但从适合性上来看，这样的理论又是现实的。

四、语言学理论的目的

叶尔姆斯列夫认为，以前的语言学往往把语言研究作为工具，而不是作为目的。把语言看成是符号系统，为的是研究人类思维系统和人类心理实质；把语言看成是一种社会制度，为的是研究一个民族的特征；把语言看成一种不断变化的现象，为的是研究个人语体变化和人类的变迁。叶尔姆斯列夫明确提出了语言学理论及其描述应该达到的标准。他说，语言学理论应该是内在的，也就是说，应该把语言当作自足的结构来分析，同时也应该有任意性和合适性。其目的应该是提供一个描述程序，这个描述程序应该始终一致、恰当、简单。语言学理论研究的是篇章，但理论所提供的不仅仅是理解某个篇章的程序，而是理解一切篇章的程序，既包括现存的篇章，也包括潜在的可能篇章，不仅仅适合于一种语言的篇章分析，而且适用于一切篇章的分析。

叶尔姆斯列夫忠实地继承了索绪尔的理论。他把整个语言学归为结构问题，即语言的形式问题，正是受到索绪尔的语言符号理论、价值理论和一系列对立关系等概念的影响。与此同时，他在很多方面发扬了索绪尔的思想。索绪尔把语言符号分为能指和所指，叶尔姆斯列夫提出了两个平面的理论，把语言世界分为两个平面四个方面，并提出了语言的三种关系（决定关系、依存关系和并列关系）。

哥本哈根学派的语言学理论，目的是解决两个问题：第一是语言学的对象问题；第二是语言研究的准确化问题。他们在追求形式化过程中，把语言学与数理逻辑紧密结合起来，认为只有语言学成为结构主义的语言学时，才是客观的、科学的。这个思想对包括哈里斯、乔姆斯基、韩礼德等不同语言学流派的语言学家都有很大影响。

第四节　英国语言学派

伦敦学派通常是指英国的语言学研究。英格兰不仅在语言学研究方面有着不同寻常的悠久历史，而且在现代语言学领域也独具特色。弗斯（J.R.Firth，1890—1960）使语言学在英国完全成为一门公认的科学，他也于1944年成为英国第一位语言学教授。在英国，大多数教授语言学的大学教师都接受过弗斯的指导或受反映弗斯思想的著作的影响。所以，尽管语言学研究后来开始在许多地方盛行起来，“伦敦学派”还是专门用来指独具特色并有英国风格的语言学研究。弗斯主要受到人类学家马林诺夫斯基（B.Malinowski，1884—1942）的影响。继而，他又影响了他的学生——著名的语言学家韩礼德（M.A.K.Halliday，1925—　）。他们三人都强调“语言环境”和语言“系统”的重要性。因此，伦敦学派也被称为系统语言学和功能语言学。

一、马林诺夫斯基的理论

马林诺夫斯基自1927年开始一直在伦敦经济学院任人类学教授。他所创立的理论中，最重要的就是有关语言功能的理论，这与他纯粹的人类学研究有着明显的分别。在马林诺夫斯基看来，语言并非将思想从说话人的大脑传递给听话人的大脑的手段，也不是什么与思维相对应的东西，而应该被看作一种行为模式。按照马林诺夫斯基的观点，话语的意义并不来自构成话语的词的意义，而是来自话语与其所发生的语境之间的关系。

马林诺夫斯基的主张主要基于两种判断：第一，原始社团因为没有书面语言，所以语言只有一种用途；第二，一切社会中儿童都是以这种方式学会语言的。马林诺夫斯基巧妙地比喻到，在儿童看来，一个名称对它代表的人或物具有某种魔力。儿童凭借声音而行动，周围的人对他的声音做出反应，所以这些声音的意义就等于外界的反应，即人的活动。

马林诺夫斯基认为，话语常常与周围的环境紧密联系在一起，而且语言环境对于理解话语来说是必不可少的；人们无法仅仅依靠语言的内部因素来分辨话语的意义；口头话语的意义总是由语言环境决定。马林诺夫斯基还区分了三种语言环境：①言语与当时的身体活动有直接关系的环境；②叙述环境；③言语仅仅被用来填补空白的环境——寒暄交谈。

就第一种语言环境来说，马林诺夫斯基指出，一个词的意义并不是由其所指的自然属性给予的，而是通过其功能性获得的。原始人学习一个词的意义的过程不是去解释这个词，而是学会使用这个词。同样，表示行为的动词，通过积极参与这个行为而获得意义。对于第二种语言环境，马林诺夫斯基进一步区分了“叙述本身所处的当时当地的环境”和“叙述涉及或所指向的环境”。第一种情况“由当时在场者各自的社会态度、智力水平和感情变化组成”。第二种情况则通过语言所指来获得意义（例如，神话故事中的情境）。马林诺夫斯基坚持认为，尽管叙述的意义与语言环境没有什么关系，却可以改变听话人的社会态度和思想感情。第三种语言环境是指一种诸如“自由的、无目的的社会交谈”。这种对语言的使用与任何人类活动都毫无关系，其意义不可能来自使用语言的环境，而只能来自“社会交往的气氛……谈话者之间的私人交流”。例如，一句客气话，它的功能与词汇的意义几乎毫不相干，马林诺夫斯基把这种话语称为“寒暄交谈”。马林诺夫斯基在他 1935 年发表的《珊瑚园及其魔力》（*Coral Gardens and Their Magic*）一书中进一步发展了他的语义学理论，并且提出两个新的观点：第一，他规定了语言学的研究素材，认为孤立的词不过是臆造的语言事实，不过是高级语言分析过程的产物。有时候，句子是个自成一体的单位，但即使是句子也不能看作完整的语言素材。在他看来，真正的语言事实是在实际语言环境中使用的完整话语。第二，如果一个语音用于两种不同的语言环境，则不能称之为一个词，而应该认为是两个词使用了同样的声音或是同音词。他说，要想规定一个声音的意义，就必须仔细研究它被使用时的环境。意义不是存在于语音中的某种东西，而是存在于语音与环境的关系之中。

马林诺夫斯基的“语言环境”和“意义是情境中的功能”这两个概念，为后来弗斯的语言学研究提供了相当有益的背景。

二、弗斯的语言学理论

弗斯通过吸收索绪尔和马林诺夫斯基的某些观点继承了他们的传统，同时又发展了他们的理论并提出了自己的见解。在马林诺夫斯基的影响下，弗斯把语言看作社会过程，是人类社会生活的一种方式，而并非仅仅是一套约定俗成的符号和信号。他认为，为了生存，人类必须学习，而且学习语言是一种参与社会生活的手段。语言本身是一种做事的手段，也是一种使他人做事的手段；还是一种行为手段，也是一种生活手段。

在索绪尔的语言学思想影响下，弗斯认为语言有两个重要组成部分：系统和结构。“结构”是语言成分的组合顺序，而“系统”是一组聚合单位。因此，结构是横向的，系统是纵向的。

弗斯不完全同意索绪尔对语言系统与言语行为的区分，他也不同意语言学研究的对象是言语的说法。他认为，社会中的个人就像舞台上的一组演员，每个人都要扮演自己的角色。个体的人出生于自然（nature）并成长于教养（nurture），语言也有这两种特点。因此，语言有以下三种含义：

（1）语言有自然性。我们使用语音、动作手势、符号和象征的后面，有强烈的渴望和动机。

（2）语言是系统性的。我们接受教育的结果，就是学会了传统的系统和言语习惯，这些是牢固地存在于我们的社会活动中的。

（3）语言被用来指称很多个人的话语和社会生活中数不清的言语事件。

弗斯既不把语言看作完全天生的，也不能把语言完全看作后天获得的。他倾向于采取一种折中的态度，认为语言既有先天成分又有后天成分。因此他坚持，语言学研究的对象是在实际使用中的语言[a]。研究语言的目的就是把语言中有意义的成分分析出来，以便建立语言因素与非语言因素之间的对应关系。研究语言的方法是，决定语言活动的组成部分，说明它们在各个层次上的关系以及它们之间的相互关系，然后明确指出这些成分与所处环境中的人类活动之间的内在联系。这就是说，弗斯试图把语言研究和社会研究结合起来：人与文化价值是不能分离的，语言是文化价值非常重要的一部分，所以，语言学可以帮助人们揭示人的社会本质。

（一）意义研究

弗斯的主要研究是语义学与音系学。在意义的研究上，他采用了社会学方法。他研究的“意义”不仅仅包括词汇与语法意义，而是更广的一个概念，其中包括语言在具体语境中的意义。

弗斯在不同层面上研究了意义。在音系层面上，他相信语音由于语音所处的位置而有其功能，而且语音与其他可以在相同地方出现的音之间的反差也有其功能。在词汇层面上，他提出，词汇的意义不仅由其常规的指称意义（referentialsense）来决定，而且受其搭配来决定。例如，在 Marchhare 和 April 看 Fool 中，再也没有月份的意义。在情景语境层次上，弗斯认识到，要确定构成情景语境的因素，是很难办到的。但他在《语言学论文集》（*Papers in Linguistics*）中列举的因素，包括情景语境也包括语言环境：

（1）参加者的相关特征：人物、性格。

（a）参加者的语言行为。

（b）参加者的非语言行为。

（2）相关主题，包括物体、事件以及非语言性和非人格性的事件。

（3）语言行为的效果。

a　刘小琴．应用型本科大学“英语语言学”教学存在的问题与对策［J］．英语教师，2018，18（07）：56-58.

弗斯明确指出，意义是用途。因此，把意义定义为不同层次上的成分和该层面上成分与情景语境之间的关系。根据他的理论，任何句子的意义都含有以下五个部分：

（1）每一个音素和它的语音环境的关系；

（2）每一个词项和句子中其他词项的关系；

（3）每一个词的形态关系；

（4）作为例子被给出的句子的类型；

（5）句子与其所处语境的关系。

第一是语音层，通过分析语音的位置和与其他音的对立来找出语音的功能。例如，英语中 /b/ 的特征如下：①是一个词（如 bed，bid）的首音；②出现在元音前；③在某些辅音前（如 bleed、bread）；④从来不在元音后出现。/b/ 与其他音的对立可以描述为：① /b/ 在词头出现时，与 /p/ 和 /m/ 有很多共同点。/p/ 和 /m/ 可以出现在 /s/ 前，但 /b/ 不能。② /p/ 和 /m/ 与 /b/ 的发音部位相同。不过，/b/ 和 /p/ 都是唇音而不是鼻音；/m/ 是鼻音而不是爆破音。③ /d/ 是齿龈音，但与 /b/ 的对立与其和其他音的对立不同。

第二是词汇和语义层，这一层的分析目标不仅要说明词的所指意义，而且要说明搭配意义。例如，night 的意义之一是和 dark 的搭配关系，而 dark 的意义之一是和 night 的搭配关系。

第三是语法层，又分为形态学层和句法层。在形态学层上研究词形变化，在句法层上研究语法范畴的组合关系，或称为“类连结”（colligation）。这种关系是靠语言的组成成分实现的，例如，We study linguistics。弗斯说，句法层上的类连结与词汇层上的搭配，其作用是相似的，都有相互期待的功能。但也有区别，因为类连结中的成分可以不连续。比如说，宾语从句肯定会中断语法范畴的连续，如 The man who is going to make the announcementhas not arrived yet。

第四个层面是情景语境。在这个层面上，研究的是非语言成分（如物体、行为、事件）以及语言行为的效果。这种研究不区分词和思想。通过这样分析，我们就能解释为什么一定的话语在一定的场合出现，因此也就把“使用”等同于“意义”。弗斯的情景语境是指一系列情景语境，每一个情景语境都包含在更大的情景语境之中，最后所有的情景语境都在文化情境中发挥作用。

弗斯在前四个层面上没有做什么具体研究。像马林诺夫斯基一样，他把语言环境作为研究的重点。他对语言环境的定义包括整个言语的文化背景和个人的历史，而不仅仅是语言出现的环境中人们所从事的活动。弗斯发现，句子的变异是无穷的，于是他提出了“典型情景语境”（typical context of situation）这一概念。这样，就可以做出概括性的论断。用典型情景语境这一术语，弗斯的意思是，社会情景语境决定了人们必须扮演的社会角色；由于人们遇到的典型情景语境是有限的，因此，社会角色的总数也是有限的。基于这个原因，弗斯说，与大多数人所想象的不同，谈话更像一种大体上规定好的仪式，一旦有人给你说话，你则基本上处于一种规定好了的环境，你再也不能想说什么就说什么。于是，语义学就成了对出现在典型情景语境中的话语进行分类的问题。

弗斯继而进行了更为具体更为细致的语境分析。他提出，在分析典型语言环境时，应该在以下层面进行：

（1）篇章本身的内部关系：

（a）结构中成分间的组合关系；

（b）系统中单位的聚合关系及其价值。

（2）情景语境的内部关系：

（a）篇章与非语言成分之间的关系及其整体效果；

（b）词、词的部分、短语之间及情景语境中特殊成分之间的分析性关系。

（二）语音研究

弗斯对语言学的第二个重要贡献是韵律音位学（prosodic phonology）研究。这是他1948年在伦敦语文学会（London Philological Society）提交的论文《语音与韵律成分》（Soundsand Prosodies，1948）中提出的一个分析方法。

弗斯的韵律分析方法独具特色。首先，他区分了组合与聚合的关系。他认为，具有聚合关系的单位是“系统单位”（systematic units），具有组合关系的单位是“结构单位”（structural units），这是首创性的。弗斯的“韵律”有特殊意义。由于人和人的话语都是由一个连续不断的、至少由一个音节构成的语流，所以就不能切分成独立的单位。要分析不同层次的功能，仅仅靠语音和音系学描述是不够的。音系学描述仅仅说明了聚合关系，根本没有考虑到组合关系。弗斯明确指出，在实际言语中，并不是音位构成聚合关系，而是准音位单位（phonematic units）。音位单位中的特征要比音位中的特征少，因为有些特征是一个音节或短语（甚至句子）所共有的。当在组合关系中考虑这些特征时，它们都被称作韵律单位（prosodic units），可以用下列公式表示：

音位－准音位单位＝韵律单位

音位－韵律单位＝准音位单位

弗斯没有给韵律单位下定义。但是他在论证中描绘了韵律成分的组成，主要包括重读、音长、鼻化、硬腭化和送气等特征。总之，这些特征不单独存在于一个准韵律单位。

弗斯韵律音位学的第二个原则是“多系统性”（polys ystemic）与“单系统性”（monos ystemic）相对立。传统音位学把音位的变体看作同一个音位，认为它们是互补分布关系，如 /p/ 在 pin 和 speak 中送气与不送气的区别，都被归为同一个音位 /p/。单系统性的分析方法有时候会遇到问题，但多系统性分析方法可以通过系统概念表达出更多特征。如英语 ski，单系统性方法仅仅指出两个辅音和一个元音的序列，而多系统性方法则揭示出同一个词更多的特征，用 C1C6V6 表示，意思是，在辅音 /k/ 前只有一个音位 /s/ 来组成一个辅音丛（consonant cluster），而在音位 /s/ 后可以有六个音位（/p/，/t/，/k/，/l/，/w/，/y/）来组成一个辅音丛。元音 /i:/ 属于另一个六元音系统。在汉语里，首位置可以有很多辅音出现，但在尾位置只有两个。但系统性方法把 /i:/ 当作某个首辅音的变体，但实际上没有与之相似的首辅音。对弗斯来说，如果把它们看作属于两个不同系统，问题就很简单。

强调“多系统分析”并不意味着忽视结构分析。事实上，弗斯非常重视组合关系。他认为，分析话语的基本单位不是词，而是语篇（text），而且是在特定环境下的语篇。把语篇拆成各种层次是为了便于研究。各个层次是从语篇中抽象出来的，因此，先从哪一个层次下手都无关紧要。但是，不论先研究哪一个层次，都必须分析语篇的韵律成分。

韵律分析与音位分析的区别，不仅仅是不同的方法揭示了不同的特征。完全可以说，韵律分析和音位分析都考虑到基本相同的语音事实。但是，在材料归类和揭示材料的相互关系上，韵律分析有很多优越性，能在各个层次上发现更多的单位，并且力图说明这些不同层次上的单位相互关联。这就是弗斯在音位学上最大的贡献。

弗斯于 1957 年提出，音位学与音段音位学可以合并。同年，乔姆斯基对布龙菲尔德的音位学提出了质疑，怀疑直接成分分析法是否能解释所有语言中的关系。乔姆斯基的目的是揭示语言的内在关系，但是弗斯研究具体话语，而且重点在情景语境上。

也有人对弗斯的理论提出批评：第一，他未能对自己的理论做出完整的系统的阐述，而且他自己的不同论文之间很难看到有什么联系；第二，他未能提出一套技术术语或范畴概念，使自己在不同层面的描述更为规范和统一；第三，他的论文艰涩，语义模糊、难懂。

布拉格学派、哥本哈根学派、伦敦学派的早期功能主义语言学理论，分别侧重不同的领域，为 20 世纪上半叶的语言学做出了显著贡献，也为 20 世纪后半叶的功能语言学奠定了坚实的基础。尽管布拉格学派的主要贡献在于音位学，但它影响到了当代语篇分析和文体学等很多领域。尽管哥本哈根学派的叶尔姆斯列夫提出的区别性术语仅仅是为语符学提出的，但它几乎影响到后来各个不同学派的语言学理论。伦敦学派的语言学理论，是韩礼德的系统功能语言学的直接理论基础。

第五节　美国语言学派

美国描写主义与结构主义语言学是共时语言学的一个分支，诞生于 20 世纪初的美国，在人类学家鲍阿斯（Franz Boas，1858—1942 年）的领导下，形成了与欧洲传统完全不同的风格。事实上，鲍阿斯的研究传统影响了整个 20 世纪的美国语言学。

赵世开先生在他的《美国语言学简史》中，把美国语言学分为四个时期：①鲍阿斯和萨丕尔（Edward Sapir）时期（1911—1932）；②布龙菲尔德（Leonard Bloomfield）时期（1933—1960）；③哈里斯（Zellig Harris）时期（1961—1966）；④乔姆斯基（Noam Chomsky）时期（1928 至今）。这四个时期都属于 20 世纪，并不是说 20 世纪以前美国没有语言学，只是因为从这时开始才真正形成了具有美国特点的语言学理论。

美国语言学家裘斯（Martin Joos）曾写到，"美国语言学"这个术语通常有两种主要意义：第一种是对本地语言的记录和分析；第二种是美国式的语言学思想。实际上，美国语言学包括的两种含义，是指它的描写方法和它的理论。"美国描写语言学"只能是美国语言学的一个部分。

美国的语言学，总的说来，有自己独特的历史和传统。它虽然跟欧洲和其他地区的语言学有某种程度的联系，却根据本国的历史条件和文化特点走自己的道路。在早期，从本土印第安语的实际出发，不主张用别的语言的模式来描写本地的语言。

欧洲的语言学研究始于两千多年以前，而美国的语言学则始于 19 世纪后期。在欧洲，传统语法一直占据统治地位。而在美国，其影响却微乎其微。欧洲有众多的语言，并且都有自己悠久的历史和丰富的文化，而在美国，居统治地位的只有英语，而且也没有欧洲语言那样的传统。此外，在美国最早对语言学感兴趣的学者是人类学家，他们发现印第安人的土著语言没有任何文字记载，当一种土著语言的最后一个使用者死去，这种语言也就随之消亡。而且，这些语言种类之多，彼此差异之大，在世界上其他任何地区都是极为罕见的。有一千多种美洲印第安土著语，分别属于 150 多个不同语系。据说仅加利福尼亚一地的土著语就比整个欧洲的所有语言还要多。为了详细记录和描写这些奇特的语言，人们往往无暇顾及这些语言的普遍特性。因此，这一时期语言理论的发展远远不如对语言描写程序的讨论多。

由于面向具体语言的事实，美国语言学从一开始就沿着自己的道路向前发展。这样就形成了美国式的结构主义，即美国描写语言学。

从 20 世纪 50 年代起，由于种种原因，美国的语言学中出现了一股新的潮流。它主张理性主义，反对经验主义。它重视语言的普遍现象，主张采用演绎法强调对语言现象做出解释，即唯理主义语言学。至今这样两种不同的思想还在激烈的冲突中。其中，第一种思想以"美国描写语言学"为代表，第二种思想以"转换生成语法"为代表（见下章）。然而，与此同时，除了这两种语言学思想外，在美国还有其他一些语言学思想，与欧洲以及其他地区的学派都有所不同。

有人把 19 世纪以前的语言学称为"前科学时期"，把 19 世纪以后的称为"科学时期"。对于这种分期有过不少争论。其实，所谓"科学"是不能超越当时的具体历史条件的。任何一门学科的发展都受同时代的哲学思想、科学技术和人文科学的水平的制约。凡是能反映当时学术思想的主要成就并合乎发展趋势的就具有时代的特征。从当时的情况来看，它就是“科学的”，也是进步的。

一、美国语言学的序幕

惠特尼（William D.Whitney）1827年生于美国马萨诸塞州，1894年在康涅狄克州逝世。1842年，他才15岁就插班进入威廉斯学院的二年级，1845年毕业。1849年进入耶鲁大学，跟当时美国唯一的梵文教授萨里斯伯里（E.E.Salisbury）学习梵文，也是萨里斯伯里第一个学梵文的学生。1850年，惠特尼到德国柏林大学，主要跟魏伯（Albrecht Weber）学习。在此期间，他还听过葆扑（Franz Bopp，1791—1867）的课。1853年回国后到耶鲁大学教梵文、法语和德语；1869年任耶鲁大学比较语言学教授。

惠特尼在梵文研究方面很有贡献，也培养了一代美国的梵文学者。他的主要代表作是《梵文语法》（*Sanskrit Grammar*，1879）。在语言学理论方面，他的主要代表作是《语言和语言研究》（*Language and the Study of Language*，1867）和《语言的生命和成长》（*The Life and Growth of Language*，1875）。另外还写了《英语语法要点》（*Essentials of English Grammar*，1877）和《慕勒与语言科学》（*Max Muller and the Science of Linguistics*：*A Criticism*，1892）。

当时学术界把科学分为两大类，即自然科学（或物理科学）和人文科学（或历史科学）。惠特尼认为语言学属于人文科学。这跟当时欧洲某些学者的观点如施莱歇尔（August Schleicher，1821—1868）是不同的。

施莱歇尔认为语言学属于自然科学。惠特尼致力于使语言学成为一门独立自主的学科。他说，“一方面是物理学，另一方面是心理学，两者都力图占领语言学。但实际上，语言学既不属于物理学，也不属于心理学”（Whitney，1875）。他既反对把语言学归属于物理学，也反对把语言学归属于心理学，而是认为语言学应该制定自己独有的方法。所以他主张采用归纳法，主张语言学应该以经验的概括为基础，这种概括仅限于说明语言的现状和过去的状况。他反对毫无根据的假说和经不起推敲的演绎。在形态学的研究方面，他认为，把无限种类的实际事实加以分类和排列，并指出其活动的主要方面，在这些方面可以进行最有效的工作。可见，惠特尼在语言描写方面已经鲜明地表现出经验主义的倾向，并且显示出以后美国语言学中以“分布”作为主要标准的观点。

在语言学中“心理主义”（mentalism）和“机械主义”（mechanism）或“物理主义”（physicalism）的两大阵营中，惠特尼站在心理主义的立场上。他强调人的意志的力量，认为语言产生于人类互通信息的愿望，信息交流的功能是语言的基本功能。[a]

在语言的描写中，他只提到“结构”，而没有提出“系统”。他把语言看成是词和句子的总和，在结构分析中，他把“位置”看成是形式差别的重要表现方式。他写道，“在

a 杜开群．关于大学英语语言学教学问题及对策分析［J］．山东农业工程学院学报，2017，34（02）：5-6.

You love your enemies but your renemies hate you 这个句子里，主语和宾语的区别完全依靠位置，……”总地说来，惠特尼要求尊重语言事实。

惠特尼重视实际，面向语言事实并注重归纳法，在语言描写中强调对语言现象的分类和排列，充分显示了美国式语言学的早期特点。然而，也应当指出，惠特尼的这些观点还不系统，也不成熟。但总的来说，惠特尼为美国语言学揭开了序幕，被认为是第一代美国语言学家。

二、早期研究

（一）鲍阿斯

鲍阿斯的与众不同之处是他是人类学家，没有受过任何正式的语言学训练。他在大学的专业是物理学，对地理也很感兴趣。在以后的工作中，他自学了语言学。这种专业技能欠缺实际上对他的研究工作反而有利无害。欧洲语言学家强调语言的普遍性，鲍阿斯则与之不同，他认为，世界上根本不存在什么最理想的语言形式，人类语言是无穷无尽、千差万别的。尽管一些原始部落的语言形式似乎非常原始，但这一判断丝毫没有事实上的根据予以支持。对于原始部落成员来说，印欧语同样是原始的。鲍阿斯强烈反对那种视语言为种族之灵魂的观点。他证明，种族的进化和文化的发展与语言形式之间没有必然联系。由于历史变迁的原因，原来属于同一种族的人开始使用不同的语言，同一种语言也可以被不同种族的人使用，同一语系的语言使用也可以属于完全不同的文化。因此，语言只有结构上的差别，而没有发达与原始之分。

鲍阿斯是调查墨西哥以北众多美洲印第安土著语的发起人。1911 年是美国语言学史上划时代的一年。这一年出版的美国学者集体编写的调查结果，即《美洲印第安语言手册》。鲍阿斯亲自撰写了其中若干章节，并且为全书写了重要的序言，总结了描写处理语言的研究方法。从他的学术背景可以看出，他不受任何传统语言学的束缚，在语言研究中不带任何框框和偏见。在对美洲印第安语的实地调查中，他发现了印欧语以外语言的科学价值。这篇序言在美国语言学的历史进程中吹响了号角，它号召人们摆脱传统语言学的概念和方法，标志着美国描写语言学的开始，同时也是语言研究新方向的起点。可以说，从这一年开始，美国语言学掀开了它的第一章——人类语言学时期。

鲍阿斯论述了描写语言学的框架。他认为，这种描写包含三个部分：语言的语音；语言表达的语义范畴；表达语义的语法组合过程。他已经注意到每一种语言都有它自己的语音系统和语法系统。对于要研究的语言，语言学家的主要任务是去概括各种语言的特殊语法结构和分析各种语言的特殊语法范畴。他处理美洲印第安语语言数据的方法是分析性的，不采用跟英语或拉丁语等语言比较的方法。鲍阿斯从人类学的观点出发，把语言学看作人类学的一部分，故而没有把语言学确立为一门独立的学科。尽管如此，他的基本观点和考察、描写语言的方法，不但为美国描写语言学铺平了道路，而且深深地影响了几代语言学家。鲍阿斯还训练了一批人去调查其他语言。多年来，美国语言学界的著名人物都直接或间接地尊鲍阿斯为师。

1. 鲍阿斯的语言观

鲍阿斯的语言观全部反映在他为《美洲印第安语言手册》撰写的序言里。该序言主要分五个部分：种族和语言、语言的特性、语言的分类、语言学和民族学、美洲印第安语的特点。

（1）种族和语言。鲍阿斯首先论述了种族分类的问题。关于种族的科学分类可以根据生理构造、文化特点或语言加以区分。德国生理学和比较解剖学家布鲁门巴赫（Johann Blumen bach，1775—1840）根据生理构造和地理分布把人类分成了五种：高加索型、蒙古型、埃塞俄比亚型、美洲型和马来型。法国动物学家古维埃（Georges Cuvier，1769—1832）把人类分成了三种：白种、黄种和黑种。法国种族学家戈比努（Joseph-Arthur Gebineau，1816—1882）和德国人类学家克莱姆（Gustav Friedrich Klemm，1802—1867）曾根据文化上的成就把人类分成“积极种族”和“消极种族”。

鲍阿斯论述生理类型、语言和文化之间的关系时认为，这三者没有什么必然的联系。他列举了各种例子，例如，美洲的黑人，其生理类型未变，而语言和文化改变了；欧洲的马格雅（Magyar）人则保持了原有的语言，但跟说印欧语的人种混杂了；新几内亚地区的人在语言上很不相同，但在文化上却有共同点。因此，鲍阿斯认为，根据这三个不同的标准划分出来的种族很不一样。可见，人类种族的划分是人为的。语言学、生物学和文化史的分类有助于种族的划分。

（2）语言的特性。鲍阿斯首先讨论了语音的性质。他明确指出，虽然语音的数目是无限的，但是实际上每种语言都只选择固定的和有限的语音。每种语言都有自己的语音系统。他批驳了所谓原始语言中缺乏语音阶区别性的说法，认为这实际上是调查者本人受自己熟悉的语音系统的影响。例如，美洲印第安语中的鲍尼语（Pawnee）中有一个音，有时候听起来像是 /l/，有时候像是 /r/，或是 /n/，或是 /d/。这是因为它在词的不同位置上受邻近的音的影响而改变。这个音在英语里没有，但它的变体并不比英语的 /r/ 多。鲍阿斯认为，根据记音人所记的语音系统可以看出他本人的母语——实际上记音人往往受自己母语的影响。

关于言语的单位，鲍阿斯认为，“由于一切言语都是用来交流思想的，表达的自然单位是句子，也就是说，包含完整思想的一个语音群”。词是从句子里分析出来的。他给词下的定义是：“由于有固定的形式、明确的意义以及独立的语音，它是很容易从整个句子里分割出来的一个语音群。”可见，词是从句子里分析出来的。不过，鲍阿斯也认为这个定义带有某种任意性。因此，有时很难确定一群音究竟是独立的词还是词的一部分。特别是语音上很弱的成分，例如，英语里表示复数、领属和动词第三人称单数的 s，很难把它看成是一个词。这种情况在美洲印第安语里常常会遇到。为此，鲍阿斯又补充了一点，即句子里语音上固定的部分可以自由地出现在各种位置上，而且语音形式不改变，这也是确定词的一个条件。即使如此，要确定某个语音成分是一个词还是词的一部分，仍然存在着不少问题。总地说来，鲍阿斯十分强调词跟句子之间的关系。他的基本看法是先有句子，词是从句子里面分析出来的。作为词的一部分，鲍阿斯区分了词干（stem）和词缀（affix）。词缀是附加到词干上修饰它们的。可是，如果修饰成分太多（如美洲印第安语中的 Algonquian 语有很多修饰动词的成分），就很难说哪个是被修饰成分哪个是修饰成分。在这种情况下，鲍阿斯把它们看成是“并列成分”（coordinate）。

在语法范畴的论述中，鲍阿斯首先指出了不同的语言具有不同的范畴，表达概念的语音群的数目是有限的。由于概念多而语音少，如果所有的概念都用不同的语音表达，那么一方面语音群的数目会很大，而且也看不出概念之间的关系。因此，人们把概念进行分类，并选择有限的语音来表达它们。由于经常使用，这些概念跟语音就建立了固定的联系。不同的语言在这方面是不同的，例如，water 的概念可以用不同形式表达，按性质是 liquid，按面积可以有 lake，按流量大小分 river 和 brook，还可以按其形式分成 rain、dew、wave、foam 等。这些概念在英语里都用单个词语表达，在其他语言中可能用一个词语的派生形式表达。

鲍阿斯认为，描写语言的任务有三个：①该语言的语音成分；②用语音组（phoneticgroup）表达的一组概念；③组合和修饰语音群的方法。他指出，研究过欧洲和西亚语言的语法学家制定了一套语法范畴，他们往往想在每一种语言里都去寻找这些范畴。但是，实际上这些范畴只在某些语系里是特有的，在其他语系里会有另一些范畴。如印欧语里的名词有性、数、格这样一些范畴，而这些范畴并非对所有的语言都是必要的；性并非一切语言的基本范畴；名词的分类可以是各种各样的。北美的阿尔贡金语把名词分为有生命和无生命的两种，而这跟自然属性无关，因为小的动物被列入无生命类而某些植物被列入有生命类。总地来说，在美洲印第安语里，名词的性是很少有的。为了表达清楚，单数和复数对名词来说似乎是必要的，实际上也并非如此，因为通过上下文或者修饰名词的形容词也可以表示，如印第安语中的克瓦丘特尔语（Kwakiutl）就是如此。因此，名词的一些语法范畴并不一定在所有的语言里都有。不同的语言还可能有一些新的语法范畴，如许多印第安语里的名词有时（tense）的范畴，用以表示现在、过去或将来存在的事物，如表示“未来的丈夫”“过去的朋友”等。

代词分类的原则在各种语言里也不是一致的。我们习惯于把代词分成三种人称，其中还分单复数，第三人称还区分性（如阴性、阳性和中性），三种人称的复数都不区分性。

但是，南非的霍登托语（Hottentot）里不仅第三人称区分性，第一、二人称也区分性。问题是第一人称“我自己”不该有复数，怎么能有一个以上的“我自己”呢？这充分说明，不同语言在人称代词的区分以及它们的单复数的区分上并不一致。

指示代词的分类原则各个语言也不相同，例如，美洲的克瓦丘特尔语还区分“看得见的”和“看不见的”、齐诺克语（Chinook）分现在和过去，因纽特语还根据说话人的位置区分七个方向：中、上、下、前、后、左、右。

在印欧语里有标示人称、时、式（mood）和态（voice）的表达，但在美洲印第安语里表现也不相同。如因纽特语里动词本身没有时的标示，也就是说，它不通过语法形式来表示时的概念。此外，表达时的概念也有不同，有的语言表达“起始”“延续”（表示动作时间的长短）和“转移”（表示由一种状态转变为另一种状态）。式和体也是各不相同。总之，并非所有语言的动词的语法范畴都一样。在这一部分的最后，鲍阿斯总结道：“根据以上所举的例子，我们的结论是，在讨论各种语言的特点时，我们会发现不同的基本范畴，在比较不同的语言时，为了给每种语言以适当的位置，有必要既比较语音的特点，也比较词汇的特点，而且还要比较语法概念的特点。”

（3）语言的分类。首先，鲍阿斯认为，如果两种语言在语音、词汇和语法上十分相似，就可以认为，它们有共同的来源。一种语言分化成几种方言是很自然的。同一来源的语言在不同地区会发生语音和词汇的变化，但从中还是可以找到某种规律，以此来确定新的方言跟它们母语间的历史关系。在比较不同的语言时，我们会发现相邻地区的语言的语音很相似，但词汇和语法的形式不同。例如，南非的班图语（Bantu）、布什曼语（Bushman）和霍登托语都有“咂音”（clicks），然而，它们之间在语法和词汇上都没有什么共同点。有的时候，我们会遇到语法相似但词汇却不同的情况，或者有很多词汇相似但语法上却不相同的情况。这就使我们难以确定这些语言是否有共同的来源。语言间相互的影响更增加了语言分类的复杂性。语音的影响最为明显。没有共同来源的邻近语言之间可能在语音上相互模仿，或一种语言影响另一种语言。语法上也可能相互影响。例如，拉丁语曾对现代欧洲语言的语法产生过影响。此外，在欧洲语言里引入新的后缀也并不少见。如英语里引入了法语的后缀 -able，它可以构成 eatable、getable 这类词。词汇中的借词更是常见的现象，而且有时数量很大。英语在这方面是个典型，它从诺曼人那儿吸收了很多词汇，还吸收了拉丁语、希腊语以及世界各地语言的词汇。澳大利亚英语和印度英语就吸收了很多本地语言里的词汇。此外，土耳其语从阿拉伯语中吸收了大量的词汇。美洲印第安语不大吸收借词。当一种新事物引入时，它们多数采用描写的办法，例如，把“汽船”（steamboat）说成“背后有火，在水上活动”、把“米”（rice）说成“看起来像蛆”；但也有直接借入的，如 biscuit、coffee、tea 等。它们之所以用描写的办法，可能跟印第安语中描写性的名词比较普遍有关。

在语言分类中应该考虑两种不同的现象：从同一个祖传的语言分化而成的差异；某些相似的现象并非同一来源，其中有些是由于语言的混合（mixture）而形成的。鲍阿斯认为，语言间的相似现象，可能出自一个来源，也可能出自几个不同来源。这需要历史的证据才能确定。鲍阿斯不同意完全用语言所处的地理环境的相同来解释语言间的相似现象。事实上，同处亚洲和南非的沙漠地带的语言，其语音并不相同。不同民族的文化也不能单纯地用地理环境的影响来解释。历史的影响可能比地理的影响更大。至于语言间的相似现象，更不能只用地理和气候的影响来解释。生理的差别可能伴随心理的差别。但是，不同种族的生理差别并不是质的差异，而只不过是程度上的不同。不同生理类型的种族可以说同一种语言，这足以证明生理结构对语言的影响很小。可见心理的差别并不能用来说明不同语言的差别。语言的相似现象并不能证明它们都有同一来源，而且语言间还可以相互影响；此外，一种语言可以有自己新的发展，这些都使得语言的谱系很难确定。在这种情况下，对美洲印第安语的分类只能暂时按共同点来划分。

（4）语言学和民族学。这一部分主要论述语言调查在印第安民族学研究中的作用。鲍阿斯认为，在进行民族学调查时，最好能直接跟本地人谈话，通过翻译往往是不准确的。从实用的角度考虑，语言研究有助于民族学现象的调查和了解。接着，他论述了语言研究在理论上的重要性，并明确指出，语言是民族学现象中的一部分。通过语言研究可以了解人的心理现象。于是，他进一步阐明了语言和思维的关系。印第安语里一般没有脱离具体事物的抽象说法。例如，英语里 The eye is the organ of the sight，印第安人可能把这句话说成“某个人的眼睛是看东西的工具”。印第安语里缺乏表达脱离具体事物性质和状态的词语。这并不能说明他们的语言不能表达抽象性，而是在他们的生活中不需要这类表达；如果有需要，他们也能开发出这类词语。又例如，因纽特人的数词不超过“10”，这是因为他们没有很多东西要数。总之，这决定于是否需要。鲍阿斯曾在印第安人中做过试验，经过交谈发现，可以把“爱”和“怜悯”这类词从他们习惯用的具体的“某人对他的爱”和“我对你的怜悯”中抽象出来。此外，在某些印第安语中，如在苏恩语（Siouan）里，抽象的词语也是常见的。可见单就语言本身并不足以妨碍思维的抽象概括，而且语言本身也不能决定文化程度。

（5）美洲印第安语的特点。鲍阿斯在这一部分里指出，过去人们把世界上的语言分成四大类：孤立语、黏着语、屈折语和多式综合语，美洲印第安语被列入多式综合语（或者叫作“合成语”）。从《美洲印第安语言手册》所描述的语言可以看出，事实并非完全如此。一方面，所谓多式综合语或合成语，是指在这种语言里，各种不同的成分合并成一个词的形式。然而在印第安语里，有很多语言并没有这种现象。例如，齐诺克语就很少用单个的词表达好些个复杂的概念。阿塔巴斯坎语（Athapascan）和特林吉特语（Tlingit）虽属多式综合语，却把代词性主语和宾语作为独立的单位。所以多式综合语或合成语并不能看成是所有美洲印第安语的特点。另一方面，美洲印第安语有另外一些常见的特点。例如，把动词分成主动（active）和中性（neutral）两类，其中之一跟名词的领属形式相连，而另一类才是真正的动词。美洲印第安语言的语音系统很不完整，例如，伊洛魁语里没有一个真正的唇辅音，海达语（Haida）里唇音也很少。印第安语的元音系统也不一致。

许多印第安语的语法现象也很不一致。不过，在组词和造句时，附加成分用得很广泛。印第安语里有前加成分、后加成分和中插成分。其中，后加成分比前加成分用得广泛，有的语言只用后加成分，没有一种语言只用前加成分的。词干的重复和音变现象也比较常见。

鲍阿斯最后指出，由于缺少历史文献，虽然印第安语也有类似印欧语的历史发展过程（即某些语法范畴消失了，又出现一些新的语法范畴，如主语和宾语的形式差别，代词的性的范畴），但目前无法说明这些范畴的历史演变。这种分析语法的方法只能说明现状，今后还应做彻底的分析和对各个语群的所有方言进行比较来补充。鲍阿斯根据分析的结果，把墨西哥以北的北美印第安语分成了 55 个语系。

2. 鲍阿斯的贡献

鲍阿斯的学术道路是从物理学和地理学开始，再由地理学进入人类学。在人类学的研究中，他认为，语言对于了解和描写一个社会的文化有着特别重要的作用，也可以说，语言对于了解文化的其他方面是一个关键。他不仅自己身体力行，而且还组织了一些人调查了墨西哥以北的北美印第安语言。由于他是自学语言学的，因此，他不受任何其他传统观念的影响。面对几种陌生的语言，而且这些语言又没有历史的文献，这就迫使他必须从实际的语言事实出发，对语言结构进行共时的分析和描写。

《美洲印第安语言手册》是一部约有 15 种语言描写素材组成的集子，由鲍阿斯等人集体写成。而其中的“序言”已成了一篇经典著作，充分说明了美洲印第安语言的结构特征，并指出每一种语言都有它自己的语音、语义和语法的结构。根据实地调查发现，印欧语的语法范畴并不是普遍的。因此，鲍阿斯建立的原则是：描写一种语言只能根据它自己的结构，不能也不应该用其他的语言结构来套这种语言。对语言学家来说，研究每种语言的特殊结构，是分析者最重要的任务，描写本身才是目的。对于人类学家来说，这是了解某个社会的文化的第一步。鲍阿斯这篇“序言”的重要性在于它指明了描写语言学的道路，推动了语言共时描写的研究。可以说，它是美国描写语言学诞生的“宣言书”。作为美国描写语言学的先驱，鲍阿斯的这一贡献将永载史册。当然，鲍阿斯在做出巨大贡献的同时，也有不足。第一，鲍阿斯从人类学研究出发，把语言学只看成是人类学的一部分；第二，鲍阿斯并没有建立一套新的完整的描写方法。他的贡献只在于推动了共时描写的研究；第三，鲍阿斯注意到了对不同的语言应该发掘其不同的现象和特征，有必要创立一些新的概念和方法。不过，如果没有鲍阿斯，也许就没有现在的美国语言学。

二、萨丕尔

萨丕尔与鲍阿斯一样，也是一位杰出的人类语言学家。萨丕尔于 1904 年毕业于美国哥伦比亚大学（Columbia University），主修的专业是日耳曼语。在见到鲍阿斯之前，萨丕尔很自信能够深刻理解语言的本质。同年在纽约遇见了比他年长 26 岁的鲍阿斯后，萨丕尔发觉自己似乎仍有很多东西需要学习。于是，他选用具有自身文化背景的当地发言人，开始着手按照鲍阿斯的方法去调查美洲印第安语，踏遍了华盛顿州、俄勒冈州、加州、犹他州等地。对于萨丕尔来说，这是一段极为宝贵的经历，同时也是对试图把印欧语语法范畴套用于其他语言的传统实践的一次根本性的革命。

萨丕尔开始在美国西部工作，1910 年至 1925 年在加拿大工作，担任渥太华的加拿大博物馆人类学部的主任。在此期间，他写了不少民歌，1925 年出版了《法属加拿大的民歌》（Folk Songs of French Canada）。1917 年至 1931 年间，他共发表了 200 多首诗，并写了一些有关艺术等方面的评论文章。1925 年，他回到美国，在芝加哥大学任教；1931 年到耶鲁大学任教，直至 65 岁逝世。

萨丕尔的全部心血凝结于 1921 年出版的《语言论：言语研究导论》（Language：An Introduction to the Study of Speech）一书中。这也是他撰写的唯一专著。萨丕尔从人类学的角度出发来描写语言的特点及其发展，其重点是类型学。这部书的目的是要“给语言学一个适当的展望而非堆积语言事实”。这本书很少述及言语的心理基础，对特殊的语言也仅仅给出充分的现实描写或历史事实来说明其基本原则，主要目的在于说明语言是什么；语言怎样随着时间和地点而变异；语言和人类所关心的其他根本问题之间的关系是什么，如思维问题、历史过程的本质、种族、文化、艺术。

萨丕尔的《语言论》涉及的内容非常广泛，详细论述了语言成分、语音、语言形式、语法过程、语法概念、结构分类以及历史演变等诸多问题。

（一）语言的定义

在《引言》里，萨丕尔给语言下了个定义：“语言是纯粹人为的、非本能的，凭借自觉地制造出来的符号系统来传达观念、情绪和欲望的手段。”萨丕尔甚至将语言与行走相比，说“行走是人的遗传的、生理的、本能的功能”“是一种普遍的人类活动；人和人之间，行走的差别是有限的”，并且这种差别是“不自主的，无目的的”。他还指出，语言不同于行走，它是非本能的，是社会的习俗。语言作为一种符号系统，它的特性是一种特别的符号关系。一方面是一切可能的意识成分；另一方面是位于听觉、运动和其他大脑和神经线路上的某些特定成分。

关于语言和意义之间的关系，萨丕尔认为，语言和意义的结合是一种并非必然但可能确实存在着的关系。萨丕尔也注意到了语言与思维的关系。他认为，尽管两者的联系如此紧密，但实际上并不相同。语言是工具，思维是产品；如果没有语言，思维是不可能实现的。萨丕尔还注意到语言的普遍性。他说，人类的一切种族和部族，不论其多么野蛮或落后，都有自己的语言。除去形式上有所差别，各种语言的基本框架（毫不含糊的语音系统、声音与意义的具体结合、表达各种关系的形式手段，等等）都已发展得十分完善。语言是人类最古老的遗产，其他任何有关文化的方方面面都不可能早于语言。可以说，如果没有语言，就没有文化。

（二）语言的成分

萨丕尔讨论了词根（radicals）、语法成分、词和句子。他用“词根”而没有用后来描写语言学常用的 morpheme 和 phoneme 等术语，因为他认为，语言成分不仅具有区别功能，还应该有指示功能。语音必须与人的经验的某个成分或某些成分（如某个或某类视觉印象或对外物的某种关系的感觉）联系起来才构成语言的成分。这个经验成分就是一个语言单位的内容和“意义”。音义结合才是语言的形式。他给语言形式的基本成分下的定义是：词根和语法成分是单个孤立的概念在语言中相应的部分；词是从句子分解出来的、具有孤立“意义”的、最小的叫人完全满意的片段；句子是命题的语言表达。萨丕尔用大写字母（如 A，B）代表词根，小写字母（如 a，b）代表附属的语法成分，用圆括号表示黏着成分，用加号（+）表示组合，用数字 0 表示零形式。他列举了五种语言形式：

A：如诺特卡语里的 hamot(骨头)

(A)+(B)：如拉丁语的 hortus(花园)

A+B：如英语的 fireengine

A+(0)：如英语的 sing(不加附属成分 -ing、-s 等)

A+(b)：如英语的 singing

（三）语音

萨丕尔的重点不在于论述语音，他关心的不是语音的异同，而是语音的格局（phonetic pattern）。正因为如此，他后来发表了《语言的语音模式》(*Sound patterns in language*)一文。他用 AB 两个人说话中发 /s/、/θ/ 和 /ð/ 音的图表明，B 的 /s/ 与 /θ/ 不一样，但与 A 的 /θ/ 很接近，B 的 /ð/ 更接近 A 的 /s/ 而不接近他的 /ð/。根源是，尽管 AB 两人的语音系统有差别，但他们所使用的语音差别数量和区别性功能的数量是相等的。这种音差跟音乐上的音差一样，同一首歌可以在不同的琴键上弹。语音上的其他区别也应该是这个道理。因而，一个语言中的区别性特征，在另一个语言里并不起作用。英语 bat 与 bad 的元音之间的差别，德语里也有，如 schlaf(睡眠)和 chlaff(松弛的)。

在语音的音位学说中，萨丕尔属于“心理派”，他强调语音的心理基础。他认为，在一种语言独具的纯粹客观的、需要经过艰苦的语音分析才能得出的语音系统的背后，还有一个更有限制的、“内部的”或“理想的”系统。它也许同样地不会被一般人意识到是个系统，不过它远比第一个系统容易叫人意识到是一种模式、一个心理机制。

（四）语言的形式

萨丕尔很重视形式的结构和模式。他先讨论语言的形式手段，即语法过程（grammatical processes），区分了六种语法过程的类型：①词序（wordorder）：在不同的语言里，词序的重要性是不同的。例如，拉丁语的词序只起修辞的作用，没有语法的功能，而英语和汉语的词序就很重要。如英语的 heishere 和 ishehere，就由于词序不同而形成不同的句型。②复合（composition）：把两个或更多的词根成分合成一个词的过程。复合的整体意义跟组成它的成分的词的价值并不一致，如英语 typewriter 的意义跟 type 和 writer 加起来的价值并不相同。③附加（affixation）：这在各种语言里是最常用的语法程序。附加法的三种类型（前加、后加和中加）里以后加最常见，如加利福尼亚州的一种印第安语雅纳语（Yana）里甚至有几百种后加成分。④变换（modification）：指词根或语法成分内部分元音和辅音的变换。元音变换，如英语的 goose 和 geese；辅音变换，如英语 house（n.）和 house（v.）。⑤重叠（reduplication）：指词根成分的全部或部分的重复，如英语的 goody-goody、riff-raff、roly-poly。一般用来表示复数、重复、习惯的行为、持续性等。⑥重音的变异（variation in accent）：这种变异包括音重和音高。

萨丕尔 - 沃尔夫假说的核心是人的语言影响了人对现实的感知。我们看到的世界是语言所描述的世界，因此我们生活在其中的世界是一个语言结构。有多少种语言，就有多少种分析世界的方法。也就是说，世界上的语言不同，各民族对世界的分析和看法也不同。自从古希腊时代至今，语言与文化、种族、思维的关系一直困扰着哲学家、心理学家、人类学家和语言学家。古希腊人认为，语言是思维的外表。但是萨丕尔和沃尔夫对这一看法提出了挑战。沃尔夫在大学是学化工的，毕业后一直在康涅狄克州的一家保险公司任职。语言学对他来说是一种业余的爱好。在分析失火的报告中，他发现语言起着很大的作用。例如，人们走近“盛满汽油的油桶”时十分小心，但走近“空油桶”时却非常大意，殊不知“空”油桶内含有易引起爆炸的汽油的气体，它比盛满汽油的油桶更加危险。这件事加深了他对语言影响世界观的信念。萨丕尔于 1931 年到耶鲁大学工作，该校离沃尔夫的工作地点哈特福德（Hartford）仅 30 多英里，沃尔夫成了萨丕尔的合作者，并开始集中力量研究在亚利桑那州（Arizona）的美洲印第安语河皮语（Hopi）。

萨丕尔 - 沃尔夫假说的两个主要组成部分是语言决定论和语言相对论。第一个观点坚持语言决定思维；第二个观点坚持语言的结构多样化是无止境的。典型的说法是，如果亚里士多德讲汉语的话，他的逻辑肯定是另一个样。

1. 语言决定论

语言决定论即人的思维完全受自己的母语影响，因为人只能通过自己语言中的范畴和区别特征来认识世界。萨丕尔说，人不是孤立地生活在世界上的，也不是孤立地生活在一般意义上的具有社会活动的世界里，而是受他们所处的社会中作为表达媒介的特定语言的影响。这个“真实的世界”在很大程度上是建立在这一群体的语言习惯之上的。不会有两种表达同一社会现实的语言。不同的社会所处的世界是完全不同的世界，并不仅仅是带着不同标记的同一个世界。语言不仅仅指称独立于语言而获得的经验，而是实际上决定着我们的经验。

沃尔夫的证据主要来自河皮语与英语的对比。他说，在英语和其他印欧语言里，词汇主要分为两大范畴：名词和动词。这一区别会让讲英语的人感到，世界也分为两种范畴：动作和物体。因此，他们把抽象的和没有形状的东西也当作物体。例如，时间是一个连续体，但讲英语的人把它当作可以分段和可以用数字来计算的东西，所以才有“两天”和“三个月”等的说法。但在河皮语里，他们不说“三天”而说“第三个白昼”；他们不说“七天比六天多”，而说“第七天比第六天晚”。

萨丕尔—沃尔夫的语言决定论受到过强烈的质疑。第一种批评意见是，沃尔夫的观点是循环性的。如果两个东西之间建立起一种关联，应该有各自的独立性，要判定其中一个就不需要取决于另一个。河皮语的时间概念与英语不同，正是由于其表达概念的方式不同。这就从根本上瓦解了沃尔夫的概念差别取决于语言差异的论断，因为从这个角度看，也会有人提出另一个论断，即所谓的语言差异实际上是由于概念差异形成的。最令人信服的方法是找到语言以外的证据，但沃尔夫未能找到。第二条批评意见是有关翻译的问题。沃尔夫一遍遍地以“计算日期”的方法为例来说明讲河皮语与英语的人在对待时间上的不同，但这仅仅是字面翻译中的一个大问题。过分地重视字面翻译的话，就会在别的语言中发现一些差异，而这些差异实际上并不真正存在。如果把英语的 He is really something 按字面翻译，就成了“他确实是一个东西”；把汉语的“他不是个东西”按字面译成英语 He is not an object 或 He is not something，就令人不知所云。这就说明，意义上的翻译并不一定反映思维结构。重要的是，在字面翻译中，人实际上如何思考与如何表达，两者之间的确有差别。这是研究语言相对论中需要解决的第二个方法论问题。

2. 语言相对论

萨丕尔—沃尔夫假设中语言相对论的关键是，一种语言系统里的范畴和区别特征对这一语言系统来说是独特的，与其他系统不相容。沃尔夫说，语言系统（语法）是人类背景知识的一部分，这种背景被人当作自然而然的东西，因此也从来没有意识到它的存在。只有当发生了不正常的事情时，人才意识到这种背景现象。这种背景性的语言系统不仅仅是一个表达思想的重复性的工具，而是限制着人的思维的东西，引导人的心理活动。形成思想的过程并不是独立的，而是一种独特的语法，在不同程度上因语言不同而不同。人们并不是用语言来表达已经存在的东西，而是用自己的母语所提供的框架来切分并组织自然世界。在这个过程中有一个共同的认可为基础，离开这个基础，人类就无法谈话也无法相互理解。这一事实对科学尤其重要，因为没有人能不受某种解释手段的影响而客观地描述自然，不论他自己认为自己多么“客观”和不受干扰。实际上，真正能说自己最接近独立和客观的是懂得很多不同类型语言的语言学家，但谁也做不到。因此，又有一个新的相对论：除非世界上的观察者具有同样的语言学背景，否则他们不可能用同样的方法在同一个对象中获得同样的数据。

沃尔夫说，讲一种语言的人经验的感知事件可能与站在旁边讲另一种语言的人感受到的完全不同。人们看到彩虹时，大多数讲英语的人看到了红色、橙色、黄色、绿色、蓝色、紫色。但沃尔夫说，人们看到的颜色主要来自他们语言中颜色命名的影响。有些语言并不是把颜色分成同样数量的基本色。有的语言不能区分绿色和蓝色，讲这种语言的人描述彩虹的方法就跟讲英语的人所描述的不同。在河皮语里，祈雨的人把云当作活着的东西。沃尔夫指出，单从这一个例子难以说明这个用法属于隐喻，是特别的宗教性修辞手法，还是讲河皮语的人真的相信云是活着的东西。

萨丕尔和沃尔夫认为，语言给人的影响要比人给语言的影响大。用最简单的话来说就是，除非事物的区别用语言手段表示出来，否则我们没法做出区分。但这个说法也缺少根据，因为河皮语中的“昆虫”“飞机”“飞行员”是同一个词，但并不说明讲河皮语的人没法区分这些不同的东西。

围绕这一争论，有两个问题：第一个问题是，语言在多大程度上塑造和影响思维与文化？当我们使用一种语言时，就接受了其中蕴含的前提及所反映的文化价值。有些前提概念受到质疑并被新的思想观念取代，这些新的概念会成为后代人所接受的常识，直到有一天被更新的思想观念取代。一个社团的语言和该社团中的个人之思想就是这么相互影响的。个人对语言的影响也许更重要，因为语言对个人的影响是消极的，只能被解释为个人未能仔细观察所有的概念。第二个问题是，语言模式和文化规范，应该把哪一个当作主要根源？社会学家做了很多实验，试图发现语言结构在多大程度上影响人对世界的感知。对同一个物体和现象，不同语言有不同的描述，这就说明一个事实，使用一种不同的语言，使用语言的人就使用了一整套不同的社会价值观念并且在经受着不同文化的影响。尽管语言对人类思维会产生一定的塑造和限制的效果，这是毫无疑问的，但人在使用语言时的创造性作用却不能忽视。

为什么有些概念很受人的注意而有些概念不大受人的注意？为什么语言在描述很明显的对象时会产生很大的差异？沃尔夫并不关心这些问题。他为了说明自己语言相对论所举的词汇例子仅仅解释了一个很简单也很熟悉的原理：不同的文化特征，不论是环境的、物质的，还是社会的，都会产生不同的语言特征。文化特征不仅因言语团体不同而不同，而且会在同一言语团体内发生变化。一个文化中有了新的需要，其语言就会立即做出反应，造出新词或借用外来词，或者给已有的词汇添加新的意义。

萨丕尔—沃尔夫假设也不符合人的直觉。如果语言决定思维的话，没有语言就没有思维。如果讲不同语言的人之间的差异没有任何制约的话，他们就不可能按照相似的方式看同一个世界。同样，如果我们能找到一种限制人们学习语言的方法，那就能控制他们的思维。如果语言决定思维，讲不同语言的人就永远没有可能相互理解。但事实是，讲不同语言的人不但可以相互理解，而且同一语言框架也可以产生完全不同的世界观。

现在人们的广泛认识是，语言与文化的关系是辩证的。每一个语言都是文化的一部分，其功能是为文化服务并反映着文化的需要。一个言语社团的文化需要与其语言资源不可能完全一致。因此，语言决定论和文化决定论都不能准确地解释为什么一种语言会选择自己独特的符号系统。不过，萨丕尔—沃尔夫假设让人们进一步认识语言与思维、语言与文化的关系，把人们的注意力引向文化对语言的影响以及语言对思维的影响。这一假设对人类学、社会学、语言学、语言教学等领域都有着产生深远的影响。

萨丕尔在 1929 年以后对于语言的本质以及语言跟心理学和社会的关系等观点，散见于一些论文之中，其中的一些已汇集成册——《萨丕 尔论语言、文化和个性选集》（*Selected Writings of Edward Sapirin Language*，*Culture*，*and Personality*）。萨丕尔强调语言模式的心理基础，这使得他的学说在行为主义盛行的时期一度受到人们的冷落，但是一旦语言的心理现象受到重视时，人们自然又会想到他。萨丕尔没有能在语言分析和描写方面建立一套完整的科学的术语和方法，但从美国人类语言学的整个发展时期来看，他的独特贡献是无人能比得上的。

有人把萨丕尔比作美国语言学中的莱伯尼兹（Leipniz），意思是说，美国语言学的发展从他开始是一个转折点。在他以前（也包括他自己），美国语言学是以人类语言学为主，从此以后，美国语言学进入了以描写语言学为主的历史时期。

第四章　英语语言学的基本组成与创新研究

第一节　英语语言学语音和词汇

早在 17 世纪欧洲文艺复兴时期，著名戏剧文学家莎士比亚便开创了意蕴丰富的“莎士比亚语风”，他在戏剧创作中，由于对语言文学进行了反复雕琢，极大地丰富了英语语言的语音、词汇和结构，将英语语言学发展到一个新的阶段。到 17 世纪中期，英国文学史出现了另一位仅次于莎士比亚的著名诗人约翰·弥尔顿，他所创作的史诗《失乐园》与《复乐园》、诗剧《力士参孙》，内容广博、语言优美，极大地丰富了英语文学的内涵，对英语语言学的发展同样起到了至关重要的作用。从 19 世纪开始，各国语言学研究者对语言与社会关系重视起来，英语语言学在世界范围内的影响进一步扩大，特别是波兰语言学家提出将语言学分成纯粹语言学与应用语言学。在第二次世界大战以后，英语从文学戏剧中脱离出来，成了国际通用的外交语言，逐渐发展为一个完整的英语语言学体系，后来由于英帝国殖民主义时期，英国的经济对世界的影响力很大，世界上很多国家都把英语作为必须学习的第二语言，使得英语语言进一步扩张，逐渐成为国际通用语言。

一、英语语言学的语音变化

由于世界上不同地域的人所处环境不同、发音习惯也不同，随着社会不断发展，英语语言语音也随着时代的改变在不断地变化。因此，在英语语言学中，英语语音的变化是最为明显的，英语语言学语音的发展以及变化同时也贯穿着整个英语语言学的发展历程。

（一）英语语言学语音中元音的变化

随着文艺复兴时期英语语言学的发展和之后英语应用环境扩张，中世纪英语语言学逐渐发展成了现代英语语言学。其中，英语语言学元音的变化最为明显，元音发音舌位提高了，并且开口度也减小了很多，特别是后元音和单元音发生了明显的改变，只有双元音的发音方式相对稳定。比如元音 [a] 的发音舌位向前移动并逐渐提高了；元音 [e] 发音的时候舌位向前移动，开口度逐渐变小和 [i] 较为相似；而 [i] 发音主要在前面补充相应音素，类似于 [ai]、[ei]；双元音中的 [ou] 发音也转变为 [au]。

（二）现代英语语音中发音的变化

导致现代英语语言学中发音产生变化的原因有以下几个：①语音的缺失，主要有音素脱落、双元音读成单元音这两个方面。因为在部分英语词汇中，有些元音后面附着另一个元音，后面的元音很容易被省略；或者是两个辅音处于多音节中，特别是这两个辅音中的元音在发音时就经常被省略。双元音在发音时，原本是前面重读后面轻读，但是人们在实际发音时，常常会省略第二个元音，所以，双元音或三元音常常被读成单元音，逐渐就造成了语音的缺少。②增音现象，就是将元音或辅音加入到单词中。③读音换位，将两个连续的发音位置进行互换。④单元音语音变化，比如：[i:] 现在发音时舌位是向后移动，开口程度要比原来大一点；[u] 的发音现在已经被 [ʊ] 取代；[e] 发音时舌位下调了一些；三元音滑动的过程减短等等。

二、英语语言学的词汇变化

词汇是语言中最活跃的部分，它随着社会经济、政治和文化的发展，会出现一些改变甚至出现一些新的词汇，而英语语言学的发展变化，词汇的演变也是其重要的一大因素。

（一）合成词语的出现

在英语语言学中，将相互具有概念关联的英语词汇进行组合而形成的新型应用词汇，就称为合成词语。合成词语不改变单词的拼写方式，但是单词的意义却发生了变化，甚至和那些构成词汇本身的含义完全不同。例如，anyway、blackboard、blending、bookshop、compounding、classmate、handsome、output、penfriend、schoolmate、seafood、without、watermelon 等。

（二）紧缩词语的出现

在英语语言学中，将某些词语的一部分提取出来进行重新组合形成新的词汇，就称为紧缩词语。例如，breakfast 这个单词是由 break 和 fast 的一部分组合的；docusoap 这个单词是由 document 和 soap 的一部分重新组合的。smog 这个单词就是由 smoke 和 fog 的一部分重新组合而成的。

（三）委婉语的出现

由于每个国家的历史文化和生活环境不同，在习俗方面有不同的规定，因此很多国家或者是个人在语言上会有一些禁忌，但是在社会交往中有时会遇到一些必须说出来的事情，所以，人们就经常会委婉地使用其他的词语去代替禁忌词，英语语言学中委婉语常用的方法是词汇手段和暗喻手段。例如，英语在提及死亡时，通常不会直接用“death”来表示，而是委婉地使用“sleep forever”这样的暗喻手段进行表达；还有就是对美国总统尼克松竞选丑闻事件，人们通常是用“watergate thing”这种有笼统意义的词汇手段来进行委婉表达。

（四）词汇创新现象的出现

随着社会经济的进步，催生了很多新的思想、新的事物，因此产生了大量新的词汇，词汇的更新能够更好地满足人们的生产和生活需求，这也是英语语言学中出现词汇更新非常重要的一个原因。特别是近年来，出现了大量的英语新词汇，例如，facebook（脸书）、Earth Day（地球日）、visual pollution（视觉污染）、antipollutionist（反污染分子）、environment expert（环境保护专家）、cultural gap（文化差距）等。

（五）缩略词的使用

在英语语言学中，将某些比较长的英语词汇进行简写成新的词汇，就称为缩略词，它在保持原来词汇的含义不变的同时，让词汇的拼写变得更加简单，英语语言学中使用缩略词，可以更加方便地记忆较长的英语词汇。例如，As ymmetrical Digital Subscriber Line（网络快车）的缩写是 ADSL、Central Processing Unit（中央处理器）的缩写是 CPU、Global Position System（全球定位系统）的缩写是 GPS、International Organization for Standardization（国际标准化组织）的缩写是 ISO、Automatic Teller Machine（自动取款机）的缩写是 ATM 等。类似此类的缩略词还有很多，用简洁的缩写就可以表示一个词语的含义，可以让人们更有效地去学习英语。[a]

（六）感情色彩的变化

英语语言学导致词汇变化的一个重要原因是英语单词的感情色彩发生了一些变化，在实际交往中，人们对于一些事物或者情感的表达是带有感情色彩的，同样的词汇在不同的场合表示的意义会有所不同。例如，常用的词语“shrewd”在古英语中的含义是奸诈的不怀好意的，而现在的含义是聪明、机灵，由以前的贬义词汇转变成了中性词汇；“awfully”以前的含义是可怕的，现在却更多的用于表示褒义，在我们日常口语中，常用“awfully good”来表示极好。还有一些词汇本身就带有两面性含义，但是如果经常被用来表示坏的含义，它好的含义就会逐渐消失，例如，“gay”这个单词，本来有快乐、高兴的含义，但是现在人们更多的是用来表示同性恋。

（七）词义的变化

在英语语言学中，随着时间的推移，一部分英语单词会出现词义的扩大、缩小的现象。词义扩大是指单词本身的意义范围扩大，例如，“Lady”原来的意思是指女主人，现在指的是任何一个女性；“handsome”原来是指男性相貌英俊，现在还可表示数量相当大的意思。词义的缩小是指词汇的意义范围缩小，例如，“meat”原来是指所有的食物，现在只是代表动物的肉；“hangar”原来是泛指所有的棚，现在是特指飞机棚；“deer”原来是指野生动物，现在是特指“鹿”。这种类型的词汇还有很多，所以，英语语言学的词汇也随着时间的变

a　姚丽，姚烨．英汉文化差异下的英语教学探究 [M]．北京：中国书籍出版社，2014.

化有了很大的改变。

综上所述，英语语言学的研究从17世纪欧洲文艺复兴时期就已经开始了，著名戏剧文学家莎士比亚所创作的戏剧文学使英语语言学得到了空前的进步，极大地丰富了英语语言学的语音和词汇；第二次世界大战以后，由于英国当时的经济对全世界的影响很大，很多国家都把英语作为本国的第二语言，也让英语逐渐成了国际通用语言，经过一千五百多年的发展，由最初的古英语发展为现代英语，英语语言学发生了很大的变化，最为明显的就是英语的语音和词汇的变化。本节对英语语言学语音和词汇发生的变化进行了简要的分析，认为研究英语语言学语音和词汇的变化，有利于我们更好地探索人类语言的发展规律，也能让人们更好地学习英语。

第二节　英语语言学学术著作的汉译

英语语言学学术著作的翻译是传播与交流语言学学术思想的重要途径。本节以英语语言学著作 Discourse Analysis 的汉译为例，探讨英语语言学学术著作的语言特征，并提出相应的翻译原则和翻译策略。

语言学是对人类语言的结构、运用、社会功能、历史发展等方面进行研究的学科，而语言是人们交流思想、沟通感情的主要媒介，是人类最重要的交际工具。因此，对英语语言学学术著作的翻译，可以使更多中国人了解语言学及其相关的学术思想，从而促进中西学术的传播与交流。本节以英国学者亨利・威多森的语言学专著 Discourse Analysis 为例，尝试分析英语语言学学术著作的语言特征，提出相应的翻译原则，进而探讨其汉译策略。

一、英语语言学学术著作的语言特征

学术著作是以科学的语言记录科学活动和学术思想的。英语语言学著作 Discourse Analysis 中，介绍了有关语篇分析的关键概念，如语域、语境、语篇类型等，属于信息型文本，因此英语语言学著作更注重对语言学方面知识的传达。从语言的语体方面看，英语语言学学术著作的语体较为正式，语篇中涉及大量语言学方面的专业词汇，具有较强的学术性；此外，语篇中多使用介词、连词、关系词等，使文本句式严谨、逻辑性强。从语法资源方面看，英语语言学学术著作中多使用名词化、被动语态和复合句，充分体现语篇的抽象性、客观性和逻辑性。

二、英语语言学学术著作的翻译原则

英语语言学学术著作属于信息型文本，通过翻译此类文本，旨在将语言学方面的相关

知识准确无误地传达给读者，因此，英语语言学学术著作的翻译应遵循忠实性原则和可读性原则。

（一）忠实性原则

美国著名翻译理论家尤金·奈达曾说过，翻译的实质在于用最贴切、最自然的语言等效地传达原语的信息：首先是内容，其次是形式。我国翻译家严复在《天演论·译例言》中也提出了“信”“达”“雅”的翻译标准，并将“信”放在第一位，指出“信”即译文要忠实于原文的意思。由此可见，忠实性原则在翻译活动中至关重要。

英语语言学学术著作的作用在于阐述语言学方面的观点或概念，而观点或概念性问题则对忠实性的要求更高。因此，在翻译过程中，译者应尊重原文作者的观点，并将其准确再现。尤其是对专业词汇的翻译，译者应尽量采用专业词典中收录的翻译版本，从而提高翻译的准确性。此外，英语语言学学术著作多属于学术文体，语体较为正式，因此，译文也应采用相应的学术性措辞，使其文体风格忠实于原文。

（二）可读性原则

可读性原则是指译文必须要通顺流畅，符合目标读者的阅读习惯。由于英汉隶属不同的语言，两者在语法特征、句式结构、语态、思维习惯等方面存在很大的差异，比如，英语重形合，句式繁复；汉语重意合，句式简短。英语重物称，常用被动式；汉语重人称，常用主动式等。因此，在英语语言学学术著作的汉译过程中，除了要忠实于原文的内容和文体风格外，还要注意译文的可读性。

三、英语语言学学术著作的汉译策略

基于以上对英语语言学学术著作的语言特征及翻译原则的探讨，本节提出了以下翻译策略：

（一）标注法

在英语语言学学术著作的翻译中，涉及大量的语言学专业词汇。针对这些专业词汇的翻译，可通过查询语言学词典获得其准确的译法，如：anaphora 回指，the least effort principle 省力原则，conversational implicature 会话含义，critical discourse analysis 批评性话语分析等。但对于不能从语言学词典中直接查询到的专业词汇，则需要通过结合具体语境进行翻译，并采用汉语翻译加英文标注的方法，避免给读者带来概念上的混乱。

（二）词类转译法

在英语语言学学术著作中，为了浓缩语言信息，并充分体现英语的静态特征，常使用名词化语法资源。而汉语是动态的语言，较多使用动词形式，因此，在英译汉的过程中，可以考虑将这些名词转译为汉语的动词。

例 1：The difficulty is that this can result in a reduction of feasibility by getting readers to process information they do not need.

译文：问题在于，这样的表达会使读者阅读到自身不需要的信息，从而降低文本的可行性。

在例 1 中，“reduction” 属于名词化现象，在翻译成汉语时，该名词被译为汉语动词“降低”，使译文更符合汉语的语言特点。

（三）被动语态的译法

被动语态在英语语言学学术著作中的使用较为普遍。英语重物称，多采用被动语态，以此来体现叙述的客观性与公正性。而汉语重人称，常使用主动语态，体现汉语的主体思维。因此，英语被动句在翻译成汉语时，多数情况下可译为主动句，采用人称、泛称或隐称表达法，从而使译文更符合中国人的思维习惯。

例 2：What happens then is that，if the flouting is recognized，P1（the speaker，or writer）is taken to be expressing some significance over and above what the language would appear to indicate.

译文:那么在这种情况下，如果我们识别出这种违反行为，就可以认为第一人称方（说话者或者作者）是在表达某种高于语言字面意思的含义。

在英语中，出于施事的原因、句法的要求、修辞的考虑、文体的需要等，常使用被动句。而汉语中被动式曾被称为“不幸语态”，主要用于表达对主语而言是不如意或不期望的事，适用范围非常有限。因此，汉语常用主动形式表达英语的被动意义。在此，可把例 2 中的被动语态“is recognized”和“is taken”译为“我们”做主语的主动句。

（四）分译法

英语语言学学术著作中多使用复合句，句式结构严谨，语言逻辑性强，因此，在进行汉译时，译者应把忠实性原则放在首位，尽量使译文在内容和形式上都忠实于原文本。然而，英汉隶属不同的语言，两者在句式结构上存在较大差异。英语多用从属结构，句子各成分间可通过连接词进行连接，因此英语复合句往往又繁又长；而汉语多用省略句、无主句、紧缩句，以中短句居多。因此，在翻译英语学术著作中的复合句时，在忠实于原文内容的前提下，可按照汉语多用短句的习惯，将英语中的长句分解成两个或两个以上的短句，使译文更具有可读性。[a]

例 3：CDA is critical in the sense that it calls into question ideas and assumptions that have become taken for granted as self-evidently valid on the grounds that they actually preserve a status quo which in effect sustains inequality and injustice by privileging the elite and the

a 王佐良．翻译：思考与试笔［M］．北京：外语教学与研究出版社，1989.

powerful at the expense of everybody else.

译文：批评性话语分析具有批判性，因为它质疑被视为理所当然的、显然正确的观点和假设。这些观点和假设实际上是在损害他人的情况下，给上层人士和掌权人物提供特权，以此来维持一种不平等和不公正的现状。

例 3 是一个复合句，这个句子是由一个主句、一个名词性从句、两个定语从句和一个原因状语从句组成。全句共有两层意思：①批评性话语分析具有批判性的依据；②这些观点和假设受质疑的原因。第二层意思与主句所叙述的事情有关系，但并不十分密切，因此可单独分译成一句，故原文可分译为两个单句。这样，译文读起来就更加符合中文读者的阅读习惯。

英语语言学学术著作的翻译不仅要求译者具备英语语言学方面的专业知识，还要求译者掌握英语语言学学术著作的语言特征，了解相应的翻译策略。只有这样，才能使译文忠实于原文，具有可读性，并充分发挥出传播学术思想的作用。

第三节　互动社会语言学理论与英语教学

互动社会语言学理论主要研究语言会话的双方参与者通过会话的语境或者相关的背景知识，对讲话者的交际意图进行分析和判断，然后对此进行会话回应的一个语言互动过程。互动社会语言学兴起于 20 世纪七八十年代的西方，是社会语言学的一个重要的分支领域，是集社会学、语言学和自然学于一体的交叉性理论。互动社会语言学研究已经从原本的简单会话研究逐步扩展到连续性的谈话和大幅的篇章研究上。总地来看，互动社会语言学最重要的目的就是对语言和非语言知识在人们会话中的作用进行分析，并逐步深入分析会话人的社会背景如何影响会话语言。当前互动社会语言学理论正在进一步应用到语言教育中。作为我国语言教育的重要组成部分，英语教育在发展过程中也越来越重视英语会话互动的作用性，所以说互动社会语言学理论对当前英语教学的创新发展具有重要的启示意义。

一、互动社会语言学理论的研究

最早对互动社会语言学理论进行系统阐释的是 Gumperz(甘柏兹)，他曾经在 1982 年出版的《会话策略》一书中详细阐释了互动社会语言学的学科渊源、理论概念和研究方法。甘柏兹明确指出，互动社会语言学最重要的目的就是充分认知会话参与者在言语会话的互动中如何对言语、说话行为以及交际策略所承载的交际意图进行细致的理解与分析，当然参与者对会话的意图理解既存在成功的一面也存在失败的一面。社会互动语言学更重要的就是将语言和会话者的文化背景以及交际的意图有机联系起来，将交际者的会话意图、交际习惯和策略以及言语表达的方式融入一个全方位、立体的研究机制中，其主要理论倾向有三方面：

（一）更重视交际习惯和社会观念在交际中的作用

甘柏兹认为，社会互动语言学理论的研究基础就是在深入分析具有代表性的会话交际范例的基础上，研究会话参与者如何正确利用社会背景和交际习惯来进行正确的交际。他认为，社会文化和背景以及习惯规约影响着会话的形式和理解，会话形成所构筑的话语单位、语义的范畴、所选择的词汇、语言的音调幅度等都受到会话参与者社会文化和背景的影响。在会话中，说话者应该通过具体的语境或者对话意图和文化背景的分析，选择合理的会话互动机制，所以说，互动双方交际得以成功的前提就是要有共同的社会习惯和交际认知。

例如，甘柏兹在《会话策略》一书中，详细讲述了下面这个会话案例，一名黑人研究生奉老师之命前去城内低收入的一个黑人家庭去做采访，采访之前，该生已经和这个家庭取得了联系，去采访时来开门的是这家人的丈夫，此人很热情地和学生打招呼：

Husband：So you are gonna check out ma ol lady，hah?

Student：Ah，no.I only came to get some information.They called me from the office.

之后主人不是很高兴地去屋内叫他的妻子。这段对话充分显示了交际者往往会在自身固定的交际意图和社会背景以及交际习惯的驱动下，去选择一些具有特殊语境的言语去会话，并期望得到交际方的正确理解与互动，然而，这个黑人学生并没有掌握这家丈夫独特的说话方式而去选择更加严谨的回答方式，因此引起这互动交际的戛然而止。

（二）更加关注动态化语境和内化机制的创设

会话的语境一般可以分为两种类型：一种是静止的描述性语境，另一种是动态式语境。描述性语境主要是指在交际过程中发生的实实在在的“纯粹的事实”，可以用一个具体的语境结构来描述。但是，在实际的会话过程中，往往会出现许多不可认知、具有强大复杂性的认知语境，也就是我们所说的动态语境，是交际双方通过互动而形成的一种语境形式。互动社会语言学认为，在会话交际的过程中语境并不是静止不变的，而是由许多复杂因素共同构成的，交际者在实际的会话互动过程中只有正确激活静态的背景，真正理解和辨析会话的意图，才能真正认清交际中的社会和文化因素，然后在互动交际中利用和控制这些因素。所以说，互动社会语言学关注的就是交际双方通过言语的互动和所处的社会背景而形成的即时的动态语境过程，通过对外界相关因素的内化分析，实现言语互动的效果。

（三）充分考虑对交际意图的理解和阐释

互动社会语言学更加重视言语交流所形成的交际意图，主要指交际者往往在交际的过程中会带有一定的目的和意图，并通过在会话的过程中来了解这些意图，而选择性地使用合理的交际策略。例如，在交际时会产生一些语境化的提示信息，会话发起人会在言语中发出一定的信息以让对方理解自己潜在的说话意图，会话回答者如何更好地利用和理解对方的意图就是会话得以成功的关键，根据这些信号理解和阐释说话人的意图，然后实现交际互动，所以说，语言学习应该建立在理解和阐释的基础上。

二、互动社会语言学与英语教学创新研究

（一）英语教学应注重与社会文化相结合

从上述互动社会语言学的理论研究内容中我们可以了解到，语言的学习和会话的互动，都离不开一定的社会文化和背景以及交际习惯和意图，所以说，英语教学的创新发展应该充分地认识到互动社会语言学理论所描述的社会文化互动性的重要作用。想要学好一门语言，就要了解这门语言的社会文化和交际习惯。语言本身是在一定社会文化背景下形成的，是特定文化背景下的人们思想和情感交流的载体；语言本身也是一门艺术，是社会文化的重要组成部分，是一个语言民族社会历史和社会文化的重要体现。例如，英语中包含许多具有本土文化特征的俗语、成语、谚语、俚语或者委婉的语言成分，以英国为代表的和以美国为代表的美式英语都有着不同的文化特征。所以，英语教学中除了要对学生讲述基本的语法、词语等基础知识外，还应该重视让学生了解英语语言形成的社会背景，根据特定的交际情境向学生讲授交际的原则，让学生正确地把英语应用到交流对话中，让学生知道什么时间、什么场合和什么人说什么样的话，促进学生语言交际能力的进一步提升。

互动社会语言学作为社会语言学的一个重要分支，在理论研究和发展上也深深受到社会语言学的影响。美国社会语言学家 Hymes 曾经提出过语言交际的四个主要内容，即可能性、可行性和得体性以及现实性。而可行性和得体性的实现就与语言社会文化有着密不可分的关系。可行性就是说英语会话互动实现的可行性，就是要在互动中使用正确的、真实的、地道的语言；得体性的实现主要是说不同的会话对象、场合、背景和身份等，要使用不同的、容易让人理解的、得体的语言，所以，在英语教学过程中，教师应该注重学生英语交际能力的培养，不能只是单一地进行语言知识的传授，更应该重视语言社会文化的重要作用。

（二）英语教学应凸显情境教学法的优势

互动社会语言学更加关注动态化语言情境的创设，语言必须要在一定语言情境下发挥作用。语言运用的重要作用就是要发挥它的社会交际功能，语言会话必定是在一定的情境中发生的。互动社会语言学为我们阐释了语言交际是一个动态化情境创设过程，不同的会话在不同的情境中会产生不同的效果。互动社会语言学关注的是语境提示在“会话策略”中的重要作用，也是互动社会语言理论的核心，因此，在实际的英语教学过程中，教师应该根据不同的教学任务，为学生创设特定的、真实的语言情境。例如，可以利用多媒体真

实情境创设的重要优势，通过英语会话场景的播放或者图片的展示，让学生分角色扮演情境中的真实人物，在真实的会话过程中，充分了解语言的情境。此外在英语教学中，教师也应该重视情境实践的重要作用，让学生走出课堂，去真正融入真实的语言情境中，让学生在真实的英语会话情境中了解在什么样的场合、什么样的时间对什么样的人应该说什么样的话语，以真正达到英语应用的。

（三）英语教学应重视交际教学法的作用

互动社会语言学理论研究的主要内容就是在实际的语言应用交际中，通过自身对特定语言的理解去了解说话者的意图，并对其进行正确的回答。英语教学也同样如此。学生在英语会话运用上也应该充分了解交际对方的说话意图，在英语语篇阅读的学习上，对语篇意图的正确理解十分必要，这直接决定着学生做题的正确性。交际教学法的重要作用就是可以进一步让学生将所学的语言知识应用到实际的英语交际过程中，打破原有的教师讲授和学生学习的传统教学方式，而变成教师和学生处于同等的位置，教师和学生可以直接进行交流。教学效果的展现，并不仅仅只是看教与学的实际价值，而更看重的是语言互动的结果。交际教学法，不在于学生获得了多少英语方面的理论知识，更重要的是可以让学生真正地进行英语交际活动。所以，在课堂教学中，教师可以围绕一定的任务，在学生和学生之间以及学生和老师之间进行分角色的会话和对话，让学生在实际的交际过程中，掌握对方的说话意图，了解英语运用的真实作用，实现英语互动表达的作用。

互动社会语言学理论在语言学理论发展上具有深远的意义，它改变了过去认为语言会话是词语堆砌的过程，在语言的学习中更加重视交谈双方的会话情境和社会背景，更加重视语言互动的重要作用，这对当前英语应用性学习的教学目标具有重要的启发意义。英语教学创新应该更加重视学生英语交际能力，认清当前英语学习的实用性。

第四节　语言本体论与高校英语网络教学平台

在全球化日益加强的国际背景下，大学英语课作为横跨我国高校大一、大二两学年共四个学期的必修课程，其发展与改革一直是全社会关注的热点。进入 21 世纪以来，教学方法和手段的创新逐渐成为大学英语教学改革的核心内容。2007 年出版的《大学英语课程教学要求》明确提出大学英语的教学目标是“培养学生的自主学习能力”。基于此目的，在教学方法与手段的改革中，国内大多数高校都建立了基于各自院校使用的大学英语教材的英语自主学习平台。然而，目前绝大多数的英语自主学习平台都存在以下两大问题。首先，平台内容的建构缺乏有效的理论作为指导；其次，其平台构建的主要内容仍然是来源于学生手中的大学英语读写教材和视听说教材，国内对于大学英语网络化教学平台的研究仍然停留在通用英语的层面，很少触及具有高校自身特色的专业英语（ESP）层面。

一、“语言本体论”理论

语言的本质问题一直是外语教学工作者在进行教学实践前必须解决和回答的问题。建构大学英语网络教学平台需要语言理论的指导。近几十年来，“语言工具论”一直在指导外语教学与实践中占据主导地位。“语言工具论”的核心是将语言看作是人们认识世界的“工具”，因此，在学习这个“工具”的过程中必须强调教师的指导作用，由此，在教学实践过程中，教师成了“教”与“学”的主体，学生成为被动接受的个体，语言成为没有生命力的工具。在结构主义“语言工具论”的理论背景中，语言仅仅是形式上的“纯粹抽象的本体”。

“语言本体论”思想起源于本体论语言哲学，这一领域的代表人物海德格尔把语言视为人的基本存在方式。在本体论语言哲学视域中，语言不是“工具”，而是一种特殊“存在”，语言的本质就体现在人和人的世界的关系中，语言的“意义”则最终指向人和人的世界，即通过对语言本体论的论证最终揭示人和人的世界。

以“语言本体论”为指导建构大学英语网络教学平台，使学生在网络平台中学习通用英语、专业英语和文化英语的过程突破了传统以教师为核心的讲授过程，突破了传统“语言工具论”的束缚，真正将语言作为“特殊实体”的存在，将专业英语的学习放到了学生、语言和网络平台资源（人的世界）的关系中，从而实现了对语言意义结构的建构。

二、构建大学英语网络教学平台的必要性

（一）是适应我国大学课程改革和发展的需要

近年来，我国高校普遍进行了课程改革，其改革的核心是进一步增加实践类学时数，相应地缩小理论课学时和学分。目前，绝大多数高校都对大学英语课的学分和学时进行了相应的缩减，由传统的四学期 16 学分缩减为 12 学分，总学时数也由 256 学时缩减为 200 学时左右。在大学英语课时整体减少的背景下，如何提高大学英语课的授课质量、提高课堂效率成为高校大学英语改革发展的核心内容。创建具有各高校专业特色的大学英语网络教学平台，将成为大学英语传统理论课程的重要补充，能够极大地减轻教师的课堂压力，适应我国大学课程改革和发展的需要。

（二）是突出高校自身专业特色，开展专门用途英语教学的需要

2016《大学英语教学新指南》（以下简称《新指南》）规定今后大学英语教学分为三块。通用英语、专门用途英语（ESP）和跨文化交际。与教育部于 2007 年出版的《大学英语课程教学要求》相比，专门用途英语成为大学英语教学新的组成部分。在“切实提高大学

生的专业英语水平”的背景和要求下，专门用途英语将成为今后大学英语教学改革的方向。《新指南》的提出为广大高校的大学英语课程建设指明了方向，即将各高校自身专业特色英语课程内容作为大学英语课的重要组成部分。在此背景下，建设以培养学生自学能力为目的、以专门用途英语为核心和特色的高校大学英语网络化教学平台，将成为未来广大高校大学英语教学改革的必然之路。

（三）有助于提高学生的自主学习能力

提高学生的自主学习能力和语言综合运用能力是大学英语网络教学平台构建的核心目的。学生通过在网络平台上进行自主学习，自主选择学习资源，自主进行学习评价，整个过程学习者可以不受时间、地点和环境等因素的限制和约束，根据自己的个人兴趣来选择学习内容并制订相应的学习计划，遇到疑难问题时可以随时发问，寻找到正确的答案。与此同时，任课教师可以在平台上根据课堂进度发布各种教学资料，如微课视频、补充课件、课后作业、考试题以及其他补充参考资料等。教师也可以通过网络对学生的学习状况和学习进度进行监控，进一步保障学生自主学习的效果，促进线上评价体系的网络化和信息化。

三、大学英语网络教学平台的构建目标

大学英语网络教学平台建设旨在实现四个目标：①实现各类、各层级教学资源共享。大学英语网络教学平台资源涵盖通用英语、专门用途英语、文化英语三个大的板块，而上述每个板块内容都至少包括以下两个多元化英语资源模块——传统课堂资源板块；在线课程板块，最大可能为学生在教学平台上最有效地获取有用信息提供便利和支持。②形成标准试题库。试题库建设涵盖三种英语方向的练习、单元测试、阶段性测试和终结测试，所有上述内容由学生独立完成。③加强师生沟通。通过数字化平台开展学习交流、话题讨论等师生互动活动，实现和开展协作学习，形成积极热烈的学习氛围。④形成学生对教师的教学能力评价体系，并实现教学效果监测。

大学英语网络化教学平台是一个以通用英语资源为基础、以专门用途英语为特色、以培养学生自主学习为目的的数字化网络平台。建构大学英语网络教学平台对提高学生的自主学习能力、突出高校专业特色的专门用途英语课程建设具有重要的实践意义。专门用途英语长期以来一直是困扰广大高校学生提高专业英语能力的最重要因素。借助于建立大学英语网络教学平台，将专门用途英语教学引入大学英语教学，使其成为大学英语课堂教学的有益组成部分，既提高了教学效果，又促进了学生自主学习能力的培养，对于提高广大学生的专业能力和专业沟通能力都具有重要的现实意义。

第五章　系统功能语言学

第一节　系统功能语言学的语篇隐喻

在语法隐喻理论探究中，语篇隐喻的客观存在和概念始终具有较大的争议，并且经常不受重视。基于系统功能语言学理论，本节首先从否定和肯定两个维度，总结当前语篇隐喻的各种观点。进而在此基础上，提出区别发生在短句范畴中通过词汇语法结构转变来表现的语篇语法隐喻，以及发生在语篇内涵层面，通过非结构类连接体制来表现的织篇隐喻。其中，主位对等和主位谓化都是语篇语法隐喻的范畴。而元信息关系、磋商语篇、语篇指代以及内部衔接等则是织篇隐喻的范畴。在研究语篇语法隐喻以及织篇隐喻详细内容的过程中，还进一步地分析了语篇语法和经验语法这两种隐喻的共生性及织篇隐喻和连接理论之间的共生性。

语篇隐喻界定方面的争议直接影响着语法隐喻基础理论的应用范畴，界定指标的匮乏导致研究过程中概念的模糊与混乱，因而有必要进一步探究和明确语篇隐喻的概念。本节首先总结了有关语篇隐喻以往的代表性观点和看法，并基于此详细探讨了以下几方面问题：其一，语篇隐喻到底存不存在；其二，现有的语篇隐喻种类划分的依据是否科学有效;其三，现有的语篇隐喻种类划分是否超出了限定的语法隐喻范畴。在这一基础上，结合系统功能语言学理论，根据语法隐喻的具体范畴以及语篇系统中的织篇体制，区别语篇语法隐喻以及语篇内涵隐喻（织篇隐喻）。与此同时，探究语篇语法隐喻以及经验语法隐喻的相似性，内涵隐喻以及连接之间的共生性，以期可以为语法隐喻的分析和研究提供有利依据。

一、当前语篇隐喻的观点探析

（一）否定观

1. 语篇元功能的独特性

语篇元功能主要指的是说话者在语言情景中通过合理有效的方式组织自己所要传达的内容，以此来实现语言作为信息的作用。元功能是针对整个语言体系来说的，儿童语言可以更加清楚地体现出语言体系的功能起源。儿童语言的发展能够充分地证明语言体系的内涵以及人际资源是怎样从最开始的符号接触过程中出现的，但对于语篇的元功能来说，其并不是源于这种外界的语言环境，而是来自语言自身内部的特征。语篇元功能自身无法产生隐喻，其虽然是隐喻类形式实现的主要因素，但隐喻来源于重新识别经验以及激活角色及关系的现实需求。语篇功能有着显著的二阶性特征，其注重以内涵为存在方式的符号现实，而这其中的符号现实又是由另外两种元功能架构的，内涵功能识别自然现实，人际功能激活主体的间接性现实。语篇功能则有着一定能动作用，将内涵和人际功能创造出的符号资源重新组建成完整的语篇，进而让这种功能具有一定的操作性。

2. 语法隐喻的语篇动因

在最初提出语法隐喻这一内涵时，Halliday 便不断地强调语法隐喻中的语篇驱动作用，各种语句形式的语法隐喻都要满足科学有效的组织信息要求。随后语法隐喻，特别是概念隐喻中的语篇作用受到广大学者的高度重视。当语义体系与词汇语法体系的实现关系出现隐喻性重叠时，表现语篇内涵的主位以及信息结构也就会因阶级的转变而不断变化。对此，概念构型的重新架构也就代表着概念体系得以实践的语篇环境的重新架构。比如，当序列从短句而不是短句复合体进行实现的过程中，短句就会变成没有标记的重要信息单位，被重新赋予主位以及崭新信息的内涵，进而深化语篇内涵。与此同时，隐喻性中的言辞，是通过名词组合而实现的，划分到了名词词组层面中的语篇体系。因此，语法隐喻实际上是依靠语篇要求进行驱动的，并且还对语篇内涵有着至关重要的影响。

（二）肯定观

1. 标记主要结构

Thompson 将主位对等以及主位谓化这个独特的主位结构都纳入语篇隐喻范畴中，他充分肯定了语篇隐喻存在的争议性，但由于鉴别隐喻需要对隐喻类措辞以及更加相同的措辞展开及物性的探究，主位对等以及主位谓化这两种结构也就关系到相似的双重及物性探究。因此，属于语篇隐喻的范畴。Thompson 将是否实施双重及物性探究作为鉴别语法隐喻的主要依据，可及物性探究表现的主要是经验内涵，因而经常会将经验隐喻以及语篇隐喻弄混。所有短句都能够实现所谓的三大元功能，隐喻性及相同性语法体系的比较研究，不单纯地局限在双重及物性探究方面，同时也包含双重主位、语气结构等方面的研究。

2. 语篇含义

Martin 关于语篇隐喻的阐述影响力是最大的，其他学者对此也有过相应的概述，主要包含逻辑关系的隐喻、隐喻性质的全新信息以及隐喻性主位，等等。Martin 表示语篇和短句的类似性关键体现在语法隐喻上。语篇资源的相同性使用方法是组织语言场域，在语篇进展过程中分辨参加者和构建活动序列等。但语篇语义体系也可将非参加者内涵转变为具体事物，将语篇阐述成物质层面的现实社会。从这方面来看，语篇隐喻是真实存在的。

二、基于系统功能语言学的语篇隐喻类别

语篇隐喻是内涵概念，但其能够发生在短句或是短句复合体当中，同时也能跨越短句，出现在大于短句复合体的相关语篇段落当中。按照隐喻发生的范畴和表现方式，可进一步区别语篇语法隐喻以及织篇隐喻。其中，语法隐喻指的是发生在短句内部，通过语法结构转变来表现的语篇隐喻，而织篇隐喻指的则是超越短句范畴主要发生在语义范围中，通过非语法结构类的连接体制来表现的语篇隐喻。

（一）语法隐喻

所有短句均同时实现三个元功能，隐喻性的传达定会导致短句在三种元内涵上的转变，语法中分别表现在及物性结构、主位—述位结构以及语气结构的变化。因此，在判断隐喻性的种类时，应按照不同的内涵转变占据主导地位。并不是全部带有标记主位的都属于语篇隐喻，而对于主位对等以及主位谓化结构来说，能够更加清晰地表现出语篇内涵的转变。

1. 主位对等及主位谓化

主位对等结构属于一个包含主位性质名词性结构的识别小句，突出两个语义特点联系，一方面用来明确主位的概念，另一方面将主位视为述位，增加一个排他性的语义因子。从及物性体系来看，是通过一个识别小句阐释一个非识别句子。比如，心理过程短句 you want this 的内涵结构是感受者 + 过程 + 结果，利用名物化重新解构成鉴别者 + 过程 + 被鉴别者。这种转化关系到名物化以及短句过程的转化，隐喻过程发生在内涵构成部分。Halliday 和 Matthiessen 将其纳入概念隐喻的范畴，但同时也充分认可了这种鉴别性隐喻的真实动机，即短句内部划分信息的语篇挑选，在结构方面将信息视为两个独立项目的对等。这种类型的语篇组织便是利用语法隐喻中的二阶性来实现的，语法基于自身的内部体制，对自身加以重新鉴别，进而出现独特的语篇效果。从这一层面来讲，经验隐喻变成了语篇内涵载体的有效对策。

主体谓化在以往语法中被称为分裂语句。相关语法研究学者表示，分裂语句主要是由其他非分裂语句衍生而来的。Halliday 表示，谓化关系包含短句全部话题主位。而 Matthiessen 明确指出，参加者和环境因素之所以是短句结构的重要经验构成因素，主要是因其能够变成主位谓化的核心，而人际以及语篇要素则不可以。Halliday 和 Matthiessen 虽然并未明确地将这种结构以及语法隐喻有机联系在一起，但由于及物性探究所包含的过程转变，也将其纳入经验隐喻的范畴中。谓化主位属于一种独特的主位和信息筛选组合，最显著的特征便是主位以及崭新的信息经常是重叠的，短句中的所有表述作用的成分都可以利用谓化体现出来。口语中能够利用语调的轻重音表现已知信息和全新信息，但在书面语言中无法显示出语调，主位谓化结构就具有引领广大读者分析信息结构的积极作用。

2. 超语法语义场域角度

对比较特别的主体结构关系的分析主要包括内涵及语篇两个分析角度。从内涵层面看，超语法和语义场域是对客观经验实践的不同识别解构方式，而从语篇角度看，这两者则是信息量的差异性组织形式。Halliday 和 Matthiessen 更加侧重于从经验内涵入手，认为相同方式要比隐喻方式更加靠近客观现实，将主位以及信息结构的转变视为经验隐喻的语篇动机和能效。[a] 语法隐喻源于词汇语法层面以及语义层间的层面拓展，两者的交错表现改变了级别和性质的统一性，内涵范畴有了更多的表现形式。利用超语法语义场域探究角度，更能充分地阐释语法隐喻内部的语篇性。语义场域能够跨越各种的语法单位，拓展和映射这两个逻辑语义关系可以穿越各种语义环境。若从语义层面来表现语法隐喻，隐喻方式及相同方式间则构成了标识和价值的详细阐释关系，彼此间内涵上的一致性，正是利用逻辑语义关系打破现象的相同性来得以实现的。

（二）织篇隐喻

1. 元信息关系

从词汇关系的层面看，抽象类名词架构语篇，并不是客观世界的语言场域，在语篇当中实现所谓的元信息关系，但并没有解释清楚这些词汇和信息间的详细关系。这种类型的词汇并不是单纯地实现词汇连接，而是前面指代或是后面指代语篇段落信息，表现拓展或是映射的逻辑内涵关系。也有专家认为，这是语法隐喻探究的模糊地带，Martin 也曾表示这种类型的词汇不属于语法隐喻，而是一种符号抽象。虽然认可抽象类名词是儿童隐喻潜在发展形势的关键一步，但因其无法分解，因此被称为元评论。

2. 磋商语篇

磋商系统所包含的说话者之间的交流过程，实际上也就是对话过程中人物角色的划分以及语言步骤序列的排列。磋商能够将独白类的语篇识别解构成对话，书面语篇是创作者和读者间的交流，将隐性读者变成显性读者。这种表达方式以及人际隐喻过程中的语气隐喻相似，祈使语气的相同用法主要表示命令。而当表达语篇内部的拓展关系时，则是隐喻类使用方法，可将其理解成组织人际内涵的织篇隐喻。

3. 语篇指代

与架构参加者的语法资源类似，非参加者内涵也同样可以利用语篇内涵变成事物，通过 it，this，that 等代替。语篇指代是语篇体系的识别，其追踪的参加者并不是具体的人或是事，而是人所讲出的话语以及前面文章提到的内容，即客观事实。这属于一种内涵压缩现象，将大量的内涵概述总结成更小、更加容易操作的内涵，从而在语篇进展中起到积极作用，通过缩减的全新内涵，也可在崭新的语篇环境中对其进行评价、分辨，以此来进一步拓展内涵。Halliday 将这样的指代关系称为拓展指代以及语篇指代，代替词汇所代表的

a　郑雨．大学英语教学中模糊语言学的语用意义分析［J］．西部素质教育，2015，1（06）：46.

不是单纯的事物，而是具体的过程。语法表现在某个或是多个小句，而不单单指某一名词，指代是语义维度的关系，指代以及被指代内容不需要在语法种类上相同，只需语义特点相同即可。

4. 内部衔接

衔接系统和含义及格律体系之间有着紧密的关系，既能够将经验识解成依据逻辑结构的行为序列，还可以将语篇表现为依据逻辑组织的具体信息流，可充分突破小句、语篇段落、语言种类以及小句综合体等步骤。衔接系统主要包含外部衔接及内部衔接，其中，外部衔接指的是按照逻辑将客观世界的语言场域组织成相应的活动序列，与经验内涵有关。而内部衔接则重点表现的是语篇内涵，依据逻辑科学组织语篇，是语篇自身内部的组建形式，在书面中具有重要作用。这两种衔接均含有增添、对比、时间、结果几种类型，在部分词汇中也重叠。内部衔接负责的是语篇序列，有着一定的隐喻性。Halliday 和 Hasan 曾经阐释过相同的观点，即交际过程的衔接性关系包含外部现象间的各种关系以及交际情景内的关系。当人们将衔接视为创新语篇的形式时，或是运用语言所探讨的现象间的关系，或是运用讲话者与倾听者交流过程的内部关系，并且这种关系的种类相同。

语法隐喻应限制在作为最大语法单位的短句内部，表现在相同式以及隐喻式性的单词语法结构的转变上。语篇元功能在短句内部主要是由词语语法的主位结构以及音系体系的信息结构来表现的，主位对等、主位谓化这个较为特殊的结构是短句主位和信息系统转变的主要形式，都是语篇语法隐喻的范畴。但这两者同时包含及物性过程的转变，也构成经验语法的隐喻，因而，这两种类型的语篇隐喻存在共生性。语法隐喻重点是对语言符号体系的重新运用，各种词汇语法形式体现出对经验世界的差异性鉴别方式。而跨越短句范畴、发生在语篇内涵层面的隐喻，事实上属于织篇隐喻，语篇内涵体系将语篇识别转换成物质现实，与客观世界的相同性识别相比，其是隐喻性的。织篇隐喻也属于语篇进展当中各种信息间内涵的连接关系，元信息关系、磋商语篇、语篇指代以及内部衔接都是织篇隐喻的类别。在系统功能语言学理论的支撑下，对语篇隐喻进行深入探究，有利于为语法隐喻研究提供崭新的视角和科学的依据。

第二节　系统功能语言学与英美文学

随着时代的发展，世界逐渐连成一个整体，国与国之间的交流越来越多，国与国之间的距离也越来越近。随着文化交流的深入，学习和研究外国文化的语言和文化的学者越来越多。学习外国的先进文化，了解不同于我们国家的文化，有助于开拓学生的视野，更好地了解这个世界。本节主要讲述了对于英美文学的赏析，赏析英美国家的文化、文学和语言的魅力。对英美文学的赏析主要是在系统功能语言学的角度下进行鉴赏。在系统功能语言学的角度来鉴赏英美文学的作品，通过具体的作品和语法句式来进行赏析，来讲述在系统功能语言学视角下对英美文学赏析的方式以及意义。

根据系统功能性语言的观点，有人认为，语言可以被看作为一个系统的语义的网络，其主要是用来表达相关的概念，用于人与人之间的交往和用语言的谋篇的功能来表达深层次的含义。要实现语言的交际功能，不是单单通过简单的词语或者句子就可以实现，而是需要在某一个特定的环境下，由一系列完整的语句来完成语言的交际的功能。我们从系统功能语言学的角度下来赏析英美文学的作品，分析英美文学作品中优美的词句，分析作者通过语言来表达深层次的含义，分析文章中深刻的寓意。用系统功能语言学的观点，来深度地挖掘英美文学的内在深意，这是一个非常好的角度来赏析英美文学的作品。

一、系统功能语言学系统的本质及理论的简单概况

系统功能语言系统的理论中对于“系统”（system）这一概念的提出最开始是费尔斯（Firth）。费尔斯认为，语篇是一种纵聚合的关系（paradigmatic relations）和横组合关系（syntagmatic relations）的结合。语篇是这两种关系相互作用的结果，互相作用的结果称之为“系统”，两者的关系称之为结构（structure）。费尔斯的理论由 Halliday，哈立德，深入发展成为系统化的语法（systemic gtammer）。哈立德与费尔斯虽说共同发展了系统功能语言学，但是两者还是秉持有不同的观点，费尔斯的理论侧重于横组合的关系，哈立德则侧重于纵聚合关系。由于这两者之间不同的理论的侧重点，让语言系统有了多项的选择，因此，从本质上看语言系统具有或然性。语言系统的纵聚合的关系决定了本质，不同语法系统之间的差异性影响了人们在实际生活中的运用。举个例子，同样都是走路的意思，人们选择可以多用 stroll，少用 walk；在表达意思时，可以多用否定句，少用肯定句。但是实际上，用 walk 来表示走路意思较多，用于肯定句的较多。因此，我们还可以认为语言系还受到其他的特性影响，丰富了语言系统的或然性，使得语言系统具有了条件性。用这样的理论来分析英美文学，从单词和句子本身的意义更好地理解作者的深层含义。这也是由于英语语言的特性组成的，英语不同于汉语用词来表示状态，英语使用不同的时态来表示事物的动态，要更好地分析英美文学，注重英语的句子很有必要。因此，用系统功能语言学来赏析英美文学，有了一个更好的角度体会英语的美。

二、在系统功能语言学理论角度下赏析英美文学的过程

用系统功能语言学的理论来分析英美文学，并不是赏析英美文学的主要目的，主要目的是运用系统功能语言学的理论来赏析英美文学作品是如何表达出来的，对于某一单词的

使用，主要是怎么表达出来的在英美文学中。为什么要选用这样的词语来表达的这个情感，用这样的表达方式具有怎么样的效果和作用，这些才是我们运行系统功能语言学理论的主要研究的对象。

要用系统功能语言学的理论来赏析英美文学的作品，这第一步就是要思考作者是如何表达出文章的中心思想，为什么选择这样的方式来表达出文章的主旨。在进行这一步就需要结合文章作品的解读和语法功能的分析，先要找到文章大体的结构，找出表达中心意思的段落，在从语法的角度来分析中心意思的表达，这两者相结合能够更加清晰地读懂作者的意图和作者写文章的手法。要想明白一部英美文学作品的现实表达，需要三项语义功能来完成。这三项语义功能实现了作品的系统的语境，更好地实现了作品的现实表达，这三项语义功能分别是概念功能、语言的人际功能和语篇的功能。[a]概念功能主要指的是，语言有助于人们在生活活动和生产活动中的表达，概念功能又可以称之为经验功能，在语言系统中主要指的是语言的及物体系。语言的人际功能，主要指的是用语言来表达出语言运用者的身份、地位、目的、状态等，这些内容的表达有助于维系语言使用者的社会关系的功能。从语法的角度方向理解，主要就是语法体系中的语气动词和情态动词。语篇的功能主要指的是用语言来对整篇文章进行表达的功能，用语言来阐述整篇文章的内容。同样，从语法的角度看，语篇功能是主谓结构和衔接结构。

对英美文学的作品进行功能语言学的分析，最终的目的是通过功能语言学的理论来帮助学生更好地分析和理解英美文学作品中作者要表达的更深一层次的含义和作者营造的文学意境中的内在意蕴，这也是用系统功能语言学的理论分析文学作品的第二步需要做的事情。每一篇英美文学的作品，都会描述出一个语境，作者真正想要表达的意思主要就是潜在这些语境中。但同时，文学作品也会受制于这样语境的表达方式。因此，用系统功能语言学的理论来分析文学的作品，非常有助于我们对文学作品深一层次的含义理解，挖掘出作者真正的意义。

在进行具体的作品分析时，首先分析的应该是文中的小句子。在系统功能语言学的角度上看，小句是语法系统中的基本单位，复杂句子的组成离不开小句，从小句来进行分析可以更好地体现语言系统中的三个功能。因此，在进行赏析英美文学作品时，首要的任务便是分析文章中的小句子，先从作品主要的概念入手，来分析以动词为中心的过程，了解这些过程以及伴随的动作来知晓作者是如何展开文章的。从分析作品的人际关系的角度看，每一小句子都是可以呈现文章中的人际关系的意义，每一个小句子都组成了句子构成的有机结构。从作品的整篇文章的脉络布局进行语法的分析，从主谓方面来解读和认识复杂句型中的小句，之后在以这些小句为基本点，着眼于整篇文章的分析。

a　黄琼慧．商务英语语言学的理论体系研究［J］．开封教育学院学报，2016，36（02）：68-69.

三、以《仲夏夜之梦》为例进行系统功能语言学系统下的英美文学赏析

从系统功能语言学的角度来看，任何方式的选择都有其存在的实际意义。我们以英美文学中的经典《仲夏夜之梦》为例，对其进行系统功能的语言学结构分析来更好地阐述具体的赏析过程。《仲夏夜之梦》是在仲夏的夜晚，以两对恋人的出逃为故事背景展开的，主要讲述了两对恋人为了对抗非常荒谬的法律条文，决定逃跑。在逃往森林中的过程中，意外地卷入精灵们的纷争中，同时也是因为精灵们的加入，使得这两对恋人的恋爱对象混淆了，在一阵慌乱之中，最终恢复了和谐与理智。在这个故事中，也可以分为三个部分：开始逃亡、遇见精灵、恢复平静。

从系统功能语言学的理论来分析《仲夏夜之梦》，将系统功能语言学理论中的概念功能与人物形象功能结合起来进行分析。在上文中我们就已经讲述了，语言在人类社会中充当有效的交流工具，是人类社会发展的产物，也反作用于社会，推动社会向前发展。对于概念功能的表达，就是多种表达功能之一。在系统功能语言学的理论下，概念功能主要指的是语言对于人们的客观世界和主观世界中的经历的表述，就是可以反映人们自己亲身经历和从间接方面知道的事情。而我们的客观世界与主观世界所发生的事都离不开地点、人物和时间。因此，从这里我们可以看出，用系统功能语言学的理论来赏析英美文学的作品是一个有力的工具，因为存在作品中的人物是一定会处于特定的社会环境下，这样就会与周围的环境产生语言的交流，也会产生一定的心理活动。因此，人物形象的活动肯定是在某一特定环境中，这样人物的形象才会丰满。比如，恋人荷米雅和莱桑德，恋人德米崔斯和海莲娜，仙王欧伯龙（Oberon），仙后黛安娜（Diana），妃比（Phoebe）等的故事是发生在雅典城中，是在一个仲夏夜的晚上，仲夏风（midusummer madness）和月晕（moonstruck）的环境，让这些人物丰满起来。

用概念功能系统分析之一就是及物性系统的分析，这也是我们在赏析文学作品时常用的方式。及物系统的作用就是根据参与者当时所处的环境来进行分析。在系统功能语言系统中，及物系统可以分为以下几个过程：行为过程、心理过程、物质过程、关系过程、存在过程和言语过程。在社会交际中，语言是主要进行人际交往的工具。因此，在英美文学的作品中也体现了社会关系的存在，作者在进行语言的创作时也赋予了社会的意义。在《仲夏夜之梦》这一过程中有及物性的过程。心理的过程，这一过程指的是文章的主人公的言语、心理活动和思想观念变化的过程，也就是两对恋人荷米雅和莱桑德、德米崔斯和海莲娜在经历这一事件的言语和心理活动的过程。关系和存在过程指的是主人公进行活动的时候存在的历史背景和各种各样的社会关系，荷米雅深爱莱桑德，却要被父亲嫁给德米崔斯，德米崔斯却又爱着海莲娜。

同样社会关系还体现在当森林的精灵们参与进来时，找错了对象，滴错了情水，让这两对恋人之间角色进行互换。乡巴佬和帕克（Pack）对于仙后的力量不为所动，只想找到回家的路，进行觅食、瘙痒和睡觉的活动，这也体现了不同人的性格特点。

综上所述，用系统功能语言学的理论来赏析英美文学的作品，这给赏析英美文学作品提供了新的角度和方向，更有助于相关从业者和爱好者对作者真实意图的赏析，读懂作者的深层含义。从文本的意义和语法的小句来分析英美文学的蕴意、人物形象，提供了新视角的分析，突破了传统的角度的解读方式，让作品以一种新的形式出现在人们的眼前，呈现出更加新颖的意蕴；对于作品中语言和所处的社会关系进行分析，更有助于赏析作品中的行为、心理、语言的表达；对于我们更好地赏析英美文学的作品和语言的表达具有重要的作用。用新的角度赏析，可以看出作者更深的功力，人物形象和内在含义更加丰富与独特。

第三节　体裁教学与系统功能语言学

系统功能语言学家所提出的语类建构与社会语类有关。系统功能语言学家在定义体裁的方法时，主张体裁可以通过以下两个方面来识别：第一，图式结构，即通常体现在体裁的功能阶段，可以通过其结构潜式或特定体裁中存在的元素范围中进行提取，是体裁的强制性基因；第二，词汇及语法特征，它们与图式结构或体裁结构潜式系统相关联，体现在体裁的语域、语旨和语式之中。这似乎有形式大于内容之嫌，语言的内容与形式之间的关系确实是值得反思的问题。

一、内容知识与系统功能语言学体裁理论

系统功能语言学方法强调在社会文化语境中语言使用在创造文本和解释语篇过程中的作用。在系统功能语言学体裁理论中，内容知识或概念内容与语域变量相关。这不仅包括主题，还包括言说者或撰写者参与社会环境的性质。语场影响着语言的及物性（格和句法）系统。在系统功能语言学的方法中，语域的语外内容对语篇的任何影响都必须与语旨和语式的其他语域元功能相结合来考虑。虽然语域、语旨和语式的范式可以提供一个有效的分析公共话语的方法，似乎更适合扩展分析。而语域内容的内部分类系统，即文本的概念内容则扮演着更有预见性的、结构化的角色。要承认这种作用在创造延伸的书面话语方面或独白的文本方面通常需要某种与修辞相关的知识，还要考虑文化和社会语境的影响，这对主要以社会为导向的体裁的概念化提出了新的挑战。

二、体裁结构：图式结构或体裁结构潜式

ESP 和系统功能的体裁方法都认为，交际的目的是区分不同体裁的主要依据，这两种方法的不同之处在于对交际目的的构思。受系统功能语言学影响的体裁研究认为，体裁是一个社会过程的结果，朝着一个交际目的努力，这体现在文本的语言选择上。从一般结构潜力中得出的图式结构涉及一系列功能阶段，这些阶段的整合以实现文本社会过程为基本目标。

然而，如果在扩展的、书面的、独白的文本中，社会目的或功能是一个相对稳定的背景元素，并且内容知识的认知组织也可能产生某种影响，那么就需要对文本目的问题采取不同的方法。这种方法可能需要考虑文本的整体社会目的和文本所处文化的修辞目的。全部或部分的话语要表示某种类型的知识就需要所涉及的知识类型的内部认知组织。

按照马丁提出的文本之间的标志性和非标志性的区分，体裁可以分为主要根据活动顺序组织的标志性文本和按照不同路线组织的非标志性文本。马丁将非标志性文本称为基因重组文本，并进一步区分了非标志性（基因重组）文本的类型，语言结构文本分为评论领域结构文本（如电影评论）和理论文本（如社论），前者部分由其活动顺序决定；后者在任何方面都不围绕一系列事件进行组织。

图式结构和体裁结构潜式显然对于辨别社会体裁的类别至关重要。然而，图示理论和体裁结构潜式不能说明所有的文本的组织模式，它们没有考虑到不同类型的内容知识在影响组织内部模式中的作用。此外，研究似乎表明图式结构可能无法保证体裁的稳定性。显然面对体裁元素的广泛灵活性，图式结构和体裁结构潜式理论不能囊括所有的体裁结构。

三、体裁：话语的建构方法

系统功能方法根据范例文本的图式结构元素以及它们的顺序和递归来识别体裁。图式结构是通过实现语言中每个结构元素所必需的语域和语义值两方面进行描述的。体裁和语域之间联系的一个更强的学说认为，两者的结合实际上决定了将要使用的语言。在词汇语法层面，系统功能语言学家提出了语言组织的三个共时的元素——及物性、主题和语气。[a] 及物系统涉及与实现经验意义相关的语场，及物性指定了不同类型的语言被识别的过程以及它们的表达结构。表达过程的基本系统非常简单，这个过程由过程本身、过程的参与者以及与这一过程有关的情景三个部分组成。主题涉及语言语法系统的各个方面，这些方面被用来产生从句组织中的前景（foregrounding）和连续性的模式。韩礼德（1985 年）将主题定义为特定结构配置中的一个元素，作为一个整体，它将句子组织为信息，主题是信息的起点，也是句子将要讨论的内容。语气是与人际意义或语旨的实现有关的语言，语气通

a　翁凤翔．商务英语学科理论体系架构思考［J］．中国外语，2009，6（04）：12-17+30.

过指示性、虚拟语气、陈述性、疑问性和情态等语言系统来表达。

体裁作为语言的元素具有特定的图式结构、结构潜式和语言要素是语言教学的重要依据，然而我们在语言教学中不能僵化地认为体裁只能在一种模式下建构。分析表明，文本中特定部分的体裁类型并不总是发生在特定的节点上，体裁的语言或结构的范围并不一定很窄，特定体裁的文本中可能存在广泛的语言资源和结构。因此，借助系统功能语言学研究体裁建构方法还需要进一步研究不同体裁的内容知识与系统功能语言学影响的体裁范式关系的本质；体裁、体裁结构潜式和文本结构之间的关系；文本按照体裁分类的方式；体裁与词汇语法特征之间的关系。

第四节　系统功能语言学与网络副语言

互联网传播速度快、形式丰富性、生动性和临场性强，逐渐形成新的语言辅助形式，即网络副语言。本节从系统功能语言学角度出发，认为副语言具有辅助性、模糊性和非任意性。按照交际媒介划分出三个技术阶段，总结副语言形式在三个阶段的表现，解释网络语言中的颜文字、表情、图片等辅助性表达元素的语言学本质，划分出特殊符号、表情符号、自定义表情和技术手段几类网络副语言形式，探讨随着技术发展语言中的“变”与“不变”。

广义的语言技术指语言交际过程用于编码、输出、传递、输入、解码、储存等操作的所有技术。李宇明提出语言技术对语言生活及社会发展的影响，认为语言交际依托的媒介经历了以下变化：文字产生之前只能依靠面对面的交流，即以声波为媒介；文字产生以后可以通过纸张等书面材料交流，即以光波为媒介；20 世纪以来通过广播、电视、互联网等交流手段，以电波为媒介。从第一阶段到第二阶段的变化，即从“听说”到“读写”，给语言本体产生反作用。基于文字的语言表达允许斟酌和修改，输出形式有别于第一阶段，结果是词汇和语法逐渐与口语风格分离，并发展出新语体——书面体。第二阶段到第三阶段的变化依托无线电传送技术，相应的语言风格应运而生。其中，最重要的技术革新——互联网为人们的表达方式带来的冲击给交际提供了新的文化语境和情景语境。语言技术在发展，语言编码的性质没有发生根本性变化。在第二阶段中文字的功能是对第一阶段语音的“转写”，即意义的符号。现代文字无法脱离语音而存在，对英语这样的拼音文字和汉字这样形声结合的文字均是如此，文字必须通过语音认知通道。第三阶段也无法脱离前两个阶段，广播是基于语音（声音符号），电视和网络视频是语音（声音符号）和文字（视觉信息）的结合，基于互联网的通信软件主要基于文字。三个阶段中语言主体的性质始终是以意义—声音符号系统为基础，语言的辅助性要素发生类似平行性变化。和“语言”概念相对立，我们称非语言的交际手段为“副语言”(paralanguage)。

一、副语言的形式与功能

（一）系统功能理论和副语言

在语言学研究中绝大部分研究对象是语言的所指功能，在语义学中可将其表达为命题和真值条件。系统功能语言学（Systemic Functional Linguistics）注重语言与社会的相互关系，即作为社会意义（Social Semiotic）的语言，分析实际语言使用中语篇的交际功能。人使用语言完成交际任务，语言是根据其功能建构的，系统功能语言学不是把语言看作结构，而是首先看作系统，语言被描述为意义生成的资源。从系统功能角度出发，情态系统可以在词汇、句法、音系等基本语言要素中研究，包括语调、文体风格等非语言要素，即辅助性要素。在系统功能语言学中，语法范畴化从三个角度进行：语义层、词汇语法、音系层。Mehrabian 认为人们交际中的信息量 =7% 的言词 +38% 的副语言 +55% 的体态语，这里的交际信息量和系统功能语言学中的第一层（语义层）相似，即要表达的意义在传统语言学研究中占很小比重，在交际中具有很大的作用。可以看出虽然系统功能语言学并没有专门提出“副语言”，但是已经关注到这一问题。Halliday 在语境理论中提出两个范畴:文化语境和情景语境。前者表示整个言语社团的文化环境，即“行为潜势”(behavioral potential)。后者包括话语范围、话语基调和话语方式。副语言受到以上语境因素的制约，正是由于互联网交际媒介中文化语境和情景语境的变化，催生了新的副语言形式的产生和普及。

前人对于副语言的研究主要集中在口语。《语言学百科词典》将副语言解释为人们说话时伴随语言而产生的一些发音特征和语音现象，包括个人的音域、说话速度和节奏等。黄国文、辛志英从系统功能语言学角度，认为语调（intonation）体现语篇意义和人际意义。马丁、扎帕维尼亚等认为副语言是依赖语言，通过音质和身势语（如表情、手势等）实现的符义过程，并对身势语做了详细描写。对副语言在书面系统中的表现形式研究较少。Lea and Spears 讨论英语中的符号，认为省略号、冒号、引号、感叹号等标点符号是副语言符号（paralinguistic mark）。Luangrath、Peck 和 Barger 提出文本副语言（textual paralanguage）概念，即非语音的可听（nonverbal audible）、可感（tactile）、可观（visual）的视觉文本要素，相对于口头副语言而言文本副语言是有意识添加的，且只有视觉一种途径。宋冰认为电子副语、有形诗等属于书面语副语言形式，还提到了电子副语言（electronic paralanguage），包括图像、动画、表情符号等，但是并没有进行深入讨论。

（二）副语言的特征和界定

Halliday 和 Matthiessen 提出了语言与其他意义系统之间的关系，认为语言是人们把经验表达为意义的主要意义系统，其他系统（如音乐、舞蹈等）是依据语言为模式建立起来的，称之为低级意义系统，起到补充作用的非语言资源可以体现更高层次体系。我们所说的副语言是其他系统中依据语言模式建立起来的且表达意义的那部分。副语言核心的特征是模糊性和辅助性，表现形式在口头交际中以声音、表情、肢体动作等表现。副语言需要具备辅助性，辅助性意味着无论是听觉还是视觉要素，都脱离不了语言。副语言的模糊性，以说“不”时摆手动作为例，没有具体定义摆动的幅度和时长，“好的”后的微笑表情可以多种多样，表达说话人愉快的情绪，没有具体某一个表情的要求。书法、字体、有形诗缺乏辅助性和模糊性，因此不属于副语言。[a]

二、网络副语言的性质和分类

新兴网络符号由于网络传输的高效性使书面文字输入和输出的时间相差无几，很好地模拟了面谈交际的即时性，因此产生了高交互性与文字书写的矛盾，促使新兴的表情符号的产生。前人研究涉及的“网络符号”表达功能都是模拟面谈交际的即时性，属于网络副语言的范畴，但是对于网络副语言的判定标准尚不清晰，缺乏系统分类，并且对于新出现的非符号副语言没有关注。下面我们按照形式和功能介绍分析常见的网络副语言。

（一）类似标点符号的特殊符号

在第二阶段，标点符号属于副语言，但一些特殊符号仅在网络交际媒介中使用，形式和普通标点符号相似，尚未正式进入标点符号系统，属于网络副语言范畴。例如：

a. 早上好 ~（新浪微博）

b. 萌萌好可爱，嘤嘤嘤 ~ ~（新浪微博）（转引自徐默凡（2014））

上例中浪文线“~”按照国家标准《标点符号用法》（GB/T15834—2011）属于连接号，表示数值范围，但在上例中不属于标点符号用法，而是表达语气的舒缓。和其他网络副语言不同的是无法单独使用，必须依托语言形式，承载的信息量较轻。

（二）Emoji 表情和颜文字（Kaomoji）

Emoji 表情最早是日本在无线通信中使用的视觉符号，通过电子客户端输入系统标准化在全球普及，已被大多数现代计算机系统所兼容的 Unicode 编码采纳。从系统功能语言学角度，并不是所有 Emoji 表情在任何情况下都是副语言。如果表情本身有所指涉，在句子中代替语言单位则不是副语言。例如：

（1）你该吃了。

例（1）中 Emoji 表情替换语言单位“药”，具有语言的指称性，不表示情态义，不具

a　平君．基于应用语言学的大学英语教学模式改革研究［J］．吉林省教育学院学报，2018，34（08）：75-77.

有辅助性和模糊性。只有当表情具有表示情感态度作用时才是网络副语言。

（2）我马上就来。

Emoji 表情因为其使用的普遍性和输入的标准化，逐渐形成一定的规范性，但是仍具有副语言的模糊性特征。Emoji 表情符号是一个封闭的集合，虽然经过技术发展，成员大量增加，但是仍然不能由用户自行更改和创造。

颜文字（Kaomoji）由 Unicode 字符集符号构成，由最初“：)”“：D”“LOL”“ORZ”等发展出大量的成员，并且存在多种形式表达同一含义的情况，吕娜总结了不同输入法表示“惊讶”的颜文字有 30 种。颜文字表达说话人或者作者的情感态度，具有辅助性和模糊性，属于副语言范畴。比 E-moji 表情符号的任意性更高，没有达到约定俗成的符号性，具有语境依赖性，其优势是具有动态感和现场性，并且因为输入的是 Unicode 字符集符号，几乎不受媒介的限制，因此在即时性通信平台和延迟性通信平台上经常使用。Emoji 表情符号和颜文字依附于语言符号使用，但比标点符号承载的信息量大，具有独立使用的能力。网络表情符号是网络副语言的初级阶段，是第二阶段到第三阶段的过渡。

（三）自定义表情

自定义表情是静态或动态图片，不能在电子客户端通过字符集输入，不是一个封闭集合，任何使用者都可以创造自定义表情，属于网络副语言的高级阶段。自定义表情包含复杂且完整的副语言信息，本身亦可包含文字符号。从副语言的定义看，具有模糊性，自定义表情表达说话人的情感态度，但允许解读的偏差；具有辅助性，自定义表情本身只表达情态含义，不带有命题信息，但是独立性较高，不需要附着于语言符号；具有社会约定性，自定义表情基于具有交际性的身势符号，例如，含有“鞠躬”动作的自定义表情依然代表顺从、感谢或礼貌，是对第一阶段视觉信息的还原，本质上是对第一阶段的非语言符号的再现；不具有任意性，自定义表情和其他副语言一样，是对现实世界的直接表达，这一点和语言符号有本质区别。

在输入形式及应用范围上和网络表情符号有明显不同。由于自定义表情不再是通过 Unicode 字符集符号输入，属于非字符。一方面较示情符号产生方式自由，不再是封闭的集合，另一方面只能独立使用，应用的媒介比示情符号更局限。自定义表情对第一阶段的副语言几乎可以完全还原，甚至能够超越第一阶段视觉性副语言的生动性。优势是现场性强，因此多用于即时性通信平台。自定义表情是网络副语言的高级阶段，甚至对第一阶段和第二阶段产生反作用。

（四）错配、删除、遮盖等技术手段

按照网络副语言的定义，只要是辅助性和模糊性的情态系统范畴都是副语言，属于技术手段的副语言容易被忽略，可以看作新兴网络修辞手段。例如，文字和拼音错配：

a.Eddit 社区最近举办了一场“最糟糕的音量控制设计大赛”，给大家分享其中一部分脑（sang）洞（xin）大（bing）开（kuang）的作品。（新浪微博）

b. 看完之后想说，鸡毛秀真是丧（gan）心（de）病（piao）狂（liang）.（新浪微博）

表面意思由汉字表达，深层意思由拼音表达，两者结合表达出说话者的表里不一的态度。在口语表达中有时采用手势副语言（双手的食指和中指合并弯曲，比“引号”状），但文字拼音错配除了“言不由衷”的情态含义，还把深层含义直接表示出来。此外删除线也属于技术手段，如：

a. 这种鱼类据说非常好吃珍贵。

b. 我的目标是成为一个有钱有文化的人。

说话人通过删除线的方式，故意把原本意图显露出来，和文字拼音错配的功能类似。还有一种技术手段是故意遮盖，但是当鼠标放在遮盖区域，文字就显现出来。通过这种说话人和听话人互动的方式，达到委婉的交际目的，掩盖但是同时凸显部分内容，表达说话人不想明说但特地强调的态度。技术手段无法脱离文字符号，和以上三种网络副语言都不同。因为具有辅助性、非任意性，属于副语言范畴。技术手段副语言不具有现场性，因此在即时性通信平台很少使用，多用于延迟性平台。技术手段承载的信息量较少，不具有独立性，本身是开放类别。

沃尔特·翁曾提出文字的产生改变了人们的表述方式和思维方式，使人类社会从“原生口语文化”发展到“书面文化”时代。在纸质媒体时代，诉诸纸端的言语有较强的规范性，生产过程耗费的时间长，并且很少以碎片式呈现。互联网的发展和 3C 产品的普及极大地改变了人们交流的方式，首先是远距离交际成本极大降低，技术的发展使交际内容更加丰富，包括特殊符号、表情符号、表情图片、技术手段等。在第二阶段的副语言会一定程度地丢失，对于日渐依赖视觉表达的当代网民，对于文字以外的视觉性辅助信息进行补充是必然趋势。三个技术阶段是累积而不是更迭，文字可以对网络副语言进行转写。一些流传度高的自定义表情甚至渗透到口语交际中，例如，以口头表达的方式说“2333”（表示哈哈大笑，与 666 等多用于弹幕及评论）。

网络副语言体现了语言的经济性，符合语言发展的一般规律。副语言体现交际双方的社会身份。例如，对于网络表情的选择，在面向地位有差异的交际对象和地位平等的交际对象时不同。人们对于网络副语言的态度也是褒贬不一，有的观点认为网络副语言的使用缺乏规范，削弱文字运用能力，甚至到了无表情包就不能好好聊天的地步；有人则认为网络语言顺应需求并且具有很强的表现力和趣味性，符合当代交际方式。而我们认为网络副语言的产生和发展遵循语言发展的基本规律，并且由于文字符号极强的表达能力，没有被网络副语言侵蚀，但是网络副语言值得研究者从理论角度进行关注以及通过语言政策制定者进行规范和引导。

第五节　系统功能语言学与语料库的契合

系统功能语言学理论与语料库方法的整合是语言研究的有效路径。系统功能语言学与语料库的契合具有必然性和必要性，这是二者历史渊源、共同基础导致的必然结果，也是系统功能语言学理论完善、研究方法创新的需要。

经过半个多世纪的发展，系统功能语言学已成为主流普通语言学理论，正朝着适用语言学方向发展。近年来，系统功能语言学与语料库的结合成为一个新兴的重要课题。但系统功能语言学与语料库的对话、整合，共同推动语言研究还有待加强，发展前景广阔。系统功能语言学与语料库的契合具有必然性和必要性，这不仅是系统功能语言学理论与语料库方法的简单结合，也是二者进化渊源和深层核心原则的必然结果，还是二者共同发展的需要。系统功能语言学代表人物韩礼德认为，语料库是整个语言学转型定位的基础，通过占有语料资源，语言学家能跨过几个世纪进入 21 世纪，使语言学研究真正成为一门科学。

本节拟在回顾分析系统功能语言学与语料库的渊源基础上，厘清二者的关联，这不仅有利于系统功能语言学研究范式的创新、理论的完善及其发展和应用，同时有助于拓展语料库研究的思路和方法，共同推动对自然语言的理解。

一、系统功能语言学与语料库的渊源

（一）系统功能语言学一贯重视语料的使用

系统功能语言学的创立者和代表人物韩礼德一贯重视真实语料的搜集、研究和运用，系统功能语言学的各个发展阶段都离不开“真实语料”这一核心基础。

韩礼德搜集真实语料研究语言始于其学生时代。早在 20 世纪 40 年代末，韩礼德就在王力先生的指导下，通过收集真实语料，调查研究珠江三角洲地区方言的词汇语法特征。其博士论文《汉语〈元朝秘史〉的语言》，以《元朝秘史》的文本为语料，对“单位”“类”“功能”等语法范畴进行结构主义描写分析，语法描写大量涉及对真实文本语料的统计分析，并将其结果置于其论文附录部分。而后，在 1956 年发表的《现代汉语语法范畴》一文中，韩礼德把一个由其本人收集的小型口语语料库视为描述的语篇基础，认为是其研究所用的核心资料。在 20 世纪 70 年代韩礼德对婴幼儿语言的研究中，采用日志的方法，记录积累其儿子奈吉尔的话语语料，并进行详尽分析，近年来又对该语料进行了进一步挖掘和深入研究。

韩礼德的经典著作《功能语法导论》的各版本一直重视语料库及其工具对功能语言学理论的意义。第三、四版均专门开辟“语料库的角色”“语法和语料库”两小节，论述了

语料库的意义与价值；在“语法和语料库”部分，作者指出，本书的研究使用了 SysFan、SysConc、COBUILD tools 等语料库工具的同时，还着力推荐用于自动和人工文本分析的语料库工具、词或小句的分析层次，并附言指出，常用语料库工具、资源等的网络获取途径。“Corpus（语料库）”一词在最近两版中出现的频次从 198 次上升到 250 次，涉及语料库的意义、价值和引证语料的来源。这体现了韩礼德将语言研究和语料库整合，充分发挥语料库的作用，构建系统功能语言学理论的兴趣和智慧。

（二）韩礼德密切关注语料库的发展和应用

韩礼德的学术成长历程与语料库的发展密不可分，他认为，语料库是创建语言理论的基础，没有语料库，语言学就如 17 世纪前的物理科学：没有可靠数据，对观察和理论之间的关系没有明晰的认识和理解。韩礼德认为，语料库是整个语言学转型定位的基础，希望通过占有语料资源，语言学家能跨过几个世纪进入 21 世纪，使语言学研究真正成为一门科学。

韩礼德及其开创的系统功能语言学对语料库产生了深远的影响。Stubbs 指出，以 Firth、韩礼德和 Sinclair 为代表的英国语言学传统是语料库语言学的直接理论源头。韩礼德和语料库的开拓者 Sinclair 同为 Firth 思想的继承者，这一理论体系一脉相承且又与时俱进，他们的理论与方法“是语料库语言学的重要学科理论基础之一”[a]。韩礼德和 Sinclair 二人亦师亦友，Sinclair 在其语料库奠基之作《相信语篇：语言、语料和话语》一书的扉页献词“For M.A.K.Halliday”中，表达了他对韩礼德的感激之情：“他对我的学术发展有着极其深刻的影响……我在他的悉心指导下工作了五年，而在之后的四十年有他这样的密友而深感庆幸……他支持在爱丁堡大学的语料库的起步研究。”

20 世纪 60 年代初，系统功能语言学还处于“阶和范畴语法”发展阶段，韩礼德和 Sinclair 密切协作、详细规划、建立英语对话语料库来研究词汇和语法。韩礼德认为，这项工作为设计语料库作为研究句子结构和词汇搭配的理论资源迈出了第一步。而后，Sinclair 的研究（语料库研究）“在语言研究的历史上掀开了重要一章”。20 世纪 90 年代初韩礼德和 James 在伯明翰大学合作，较早地通过对 Cobuild 语料库的频率调查定量分析英语语法系统。他还多次出席语料库学术会议，先后发表了《语言作为系统和语言作为例示：语料库作为理论构建》和《口语语料库：语法理论的基础》等论文，从系统功能的视角关照语料库研究的进展。韩礼德在第 23 届国际系统功能语言学大会的结束语中明确指出，“以语料为基础的研究”是今后要解决的主要问题和研究的主要方向之一。在第 36 届国际系统功能语言学大会上，韩礼德再次建议，“获取更多的数据，建立语料库用于词汇、语篇语言学研究”是系统功能语言学理论完善、应用所需的三大任务之一。

a　杨雪．浅谈英语教学中应用语言学的有效应用［J］．教育现代化，2018，5（11）：185-186.

二、重视真实自然语料的意义研究

（一）系统功能语言学

韩礼德一贯推崇在语言研究中采用真实可靠的语言数据资源。系统功能语言学理论是建立在使用中的语言事实基础之上的有关语言和与语言有关的理论，是对大量语言事实的观察、分析、概括、抽象的经验主义语言描述研究。他旗帜鲜明地反对乔姆斯基忽视纷繁复杂的语言事实，将语言学理论和人们实际的语言实践割裂开来，单纯地通过内省构建语言学理论的做法。同时，系统功能语言学也认为，理论的正确性和阐释力必须在真实的语言使用中去检验，语言理论源于真实的语言实践，并接受语言实践的检验，从而得以发展和完善。

系统功能语言学重视语言实例，主张从具体语言实例中描述语言系统、概括语言原则、抽象语言理论，将系统和实例结合起来描述语言系统、解释语言现象。韩礼德用气候与天气的关系类比解释系统的语言与作为语篇集合的语言之间的关系：它们是同一现象的不同视角，天气指特定地点、短时间范围内的具体状态，变化多样；而气候是大范围、长时期的一般状态，相对稳定，是各种天气过程的概括综合。与之类似，系统功能语言学从变化多样的自然发生的语言文本实例（天气）出发，概括、理论化为抽象的意义潜势系统（气候），系统与实例通过实例化渐变群（cline of instantiation）相连。韩礼德认同 Saussure 言语和语言的区分，认为二者相互依存、互为前提，但韩礼德强调对作为语言系统证据的语篇研究的重要价值，认为从示例角度收集整理语言实例与从系统角度构建普通语言理论一样重要，语言研究二者均不可偏废，不能因为天气的纷繁复杂而否认其对气候研究的重要意义。

（二）语料库

语料库是以计算机为载体，以实际使用的语言事实作为研究对象的经验主义语言描述研究方法。从其本质上讲，语料库实际上是通过对自然语言运用的随机抽样，以一定大小的语言样本来代表某一研究中所确定的语言运用总体。自然、真实的语言使用是语料库描写研究的前提基础，语料库语言学研究具有很强的实证主义传统和倾向。语料库方法主张通过对自然发生的、使用中的大量实例的分析来研究语言及其使用。

语料库方法强调研究对象的真实、自然，用于语言理论建构的语料真实性是语料库语言学和转换生成语法的重大差异。乔姆斯基等通过分析人造句子，内省的方式构建其重要的《句法结构》等语言学理论。而语料库语言学奠基人 Sinclair 批驳这种做法，认为“用塑料花是无法研究植物学的”。基于真实数据的语言学研究立场，语言的形式、意义与功能综合一体的思想是语料库语言学家 Sinclair 给我们留下的宝贵的语言学遗产，语料库客观真实、语言大量数据等思想方法有利于加深对语言本质和结构的理解。

（三）核心共识：真实自然语料和意义取向

系统功能语言学与语料库的契合的重要基础是二者都建立在使用中的真实语料的基础之上。Thompson 和 Hunston 分析指出，系统功能语言学和语料库语言学的共同基础上首要的、最重要的方面是对“自然发生的语言和作为文本的语言”的共同关注。韩礼德和 Matthiessen 认为语料库是建立语言理论的基础，语料库出现之前语言学还处于 17 世纪前的物理学研究状态，重要原因是没有可靠数据；并进一步阐释了语料库使用的益处——数据真实，这一特性是使用语料库的所有优势的基础。

系统功能语言学和语料库语言学研究从理论和方法上与乔姆斯基的语言观不一致，它们是在与乔姆斯基的转换生成语法抗争中发展壮大起来的。转换生成语法是关于语言能力的理论，不注重对语言现象及人们的语言使用的研究，忽视话语的社会环境、交际功能等说话者实际使用语言时的各种行为，这种学说是理性主义而非经验主义，语法性是其关注的焦点，忽视对真实、自然的语言行为进行描写性研究。而系统功能语言学和语料库的代表人物韩礼德、Sinclair 与 Firth 一脉相承，重视真实语料的研究。例如，因为口语的真实、自然，韩礼德一贯重视口语研究，而语料库使基于大数据的口语研究成为可能。韩礼德认为，录音机和计算机两大发明对语言学家意义重大，录音机记录自然语言，计算机则处理大量数据，而现代计算机语料库将二者有机结合，实现了对自然言语的定量分析。口语融入语料库研究意义重大，因为作为自然发生的语言的组成部分，口语和书面文本一样体现语言的共性，且其先于书面语存在，具有自发、真实、自然的特性，对口语研究有助于探索和拓展语言的意义潜势，使语言研究向语义推进，从而构筑具有更强阐释力的语言理论。

濮建忠指出，语料库语言学是“意义取向”“文本立场”，语料库语言学研究必须把文本作为出发点和立足点，因为意义只有在文本中才能找到。这也是 Sinclair 反复提醒我们要“相信文本”，主张通过对使用中的真实自然语料深入分析，研究语言、构建语言学理论。语料库的“意义取向”“文本立场”的思想与韩礼德系统功能语言学理论从功能（而不是形式）出发研究语言，分析语篇、重视语境对于意义的决定影响是高度一致的。Sinclair 在其 *Trust the Text* 一书中说道：“是韩礼德教导我要相信文本及其他准则，他引导着我的整个语言研究生涯。”这说明韩礼德为代表的系统功能语言学与 Sinclair 的语料库二者在对待“语料”和“意义”的深层思想是一致的。

三、系统、选择、概率与语料库

（一）系统、选择和概率

“系统”是系统功能语言学的核心理论，是系统功能语言学理论中不可分割的两个维度之一。系统功能语言学理论认为，语言是一个可供人们选择的系统网络，通过该网络中的选择，实现语言的概念、人际和语篇三大元功能；通过意义潜势（meaning potential）系统资源中的系统选择，构建现实、实现语言的社会意义（social semiotic）。每一系统由入列条件、一组相互排斥的选项和选项在语言结构中的体现组成。一组相互联系的系统构成系统网络，这些系统通过同步和从属沿着精密度阶相连，在任何级阶上的语言片段均可以描述为系统选择的结果。

系统即是选择点，系统语法是关于选择的理论，选择是系统语法理论的支柱。系统网络是语言作为选择的理论，在系统网络中的每一个系统表征一个选择，这些选择相互交织。韩礼德认为，他所从事过的与语言相关研究的一个凸显的主题是选择：语言作为意义，意义作为选择，语言的使用是一个有意义的选择过程。“系统”将选择的概念形式化，对语言的描述就是对选择的描述。系统功能语言学注重的是“聚合关系”（paradigmatic relation），即选择关系。韩礼德认为，系统是“一套潜势，一系列可供选择的事物”，是阐释语言怎样被使用的理论。系统语法是建立在选择的纵聚合概念上的分析综合语法，同时语言本身具有语义、词汇语法和音系系统，它们之间存在体现关系。受伦敦学派、哥本哈根学派和布拉格学派等影响发展起来的系统语法视语言为“系统的系统”，旨在解释语言系统网络的内部关系及与语义相关的各种选择。

任何语法选择都可以被表征为一个具有两个或多个选项的系统，系统是概率性的，即是说具有某种程度的概率与系统的每一选项关联。不仅是在系统中 a、b 或 c 项中做出选择，而且各选项有某种固有概率与之相关。胡壮麟等认为，概率理论是系统功能语言学理论的支柱。近似的或概然率的思想是系统功能语法的六个核心思想之一。概率是随机事件出现的可能性的量度，是语言客观固有的一种属性。与乔姆斯基认为语言研究中的概率“毫无用处”相反，韩礼德指出语言本质上是或然的，相对概率是任何语言系统所固有的特性，人们在语言系统中的语音、形态、语义等选择均受制于总体的概率模式。

（二）系统、选择、概率与语料库

系统功能语言学和语料库都重视“概率”是二者契合的另一重要基础。系统功能语言学是关于选择的理论，而在语言系统中各选项有某种固有概率与之相关，概率是系统功能语言学理论框架的支柱。韩礼德强调，标记性和非标记性、概率和语料库是密不可分的。Leech 系统论证了“频率”对语言的重要性，指出频率在英语教学研究中不能再被忽视，认为语料库革命能以前所未有的方式提供语言的频率相关信息，而 Sinclair 开创的、作为语料库频率统计分析核心之一的习语、搭配等沿袭了韩礼德及 Firth 重视语言共现频率的思想。

同时，概率也是语料库方法数理统计的基础。以语料库为基础的语言研究是在一定的语言哲学观指导下，抽样搜集使用中的语言事实，并按一定规则整理，采用计算机信息技术，通过数理统计分析实现对大量语篇样本的科学调查、描述、分析等，因此，语言使用的概率信息是语料库描写研究的核心之一。

系统功能语言学和语料库通过“概率”紧密相连。自然、真实的语言使用及其概率信息是语料库描写研究的前提基础和核心。语料库的语境检索、搭配和关键词都是建立在频率的基础上的统计分析。建立在频率基础上的语料库与功能语言学契合应用广泛。例如，通过语料库关键词分析各种语言变体、语域特征、语篇语类。利用语料库丰富的元信息研究语言变异，如利用美国历时英语语料库（Corpus of Historical American English）对 1810 年以来的英语发展做历时比较研究；利用当代美国英语语料库（Corpus of Contemporary American English）做共时研究，比较口语和书面语、学术和非学术语体。

四、系统功能语言学与语料库的契合发展

语言的复杂性要求我们采取跨学科整合互补的方法，系统功能语言学一向是开放、兼收并蓄的，互补整合是其发展完善，向适用语言学方向发展的基本方法原则。语料库语言学与理论语言学并不是两个对立的学科，语料库的研究是拓展语言学理论的一个重要途径和源泉。柴同文分析认为，“互补”思想广泛存在于系统功能语言学中，这一理论一直主张并运用互补思想和方法来描写和解释语言，只有理解互补关系，才能理解系统功能语言学的普通语言学性质和适用语言学发展方向。黄国文认为，系统功能语言学应注重跨学科研究，建议采用观察法获取研究语料，而在观察法中目前最有效的办法是“基于语料库”的方法。郭鸿分析了语言学科跨学科研究的实质、规律，探讨了系统功能语言学的跨学科研究的必要性和可行性，认为对立统一是语言学研究发展的动力和创新的主要途径。系统功能语言学在语料库大数据的支持下，既可以对现有与语言有关的和有关语言的问题通过定量科学、多维立体的分析探讨，来检验、发展、完善自身的理论，增强其阐释能力。如 Sinclair 所说，一次性观察大量数据时，语言看上去是很不一样的。基于语言大数据的语料库数理统计分析，有助于系统功能语言学理论的进一步发展、成熟和完善。正如马克思所说：“一种科学只有在成功地运用数学时，才算达到了真正完善的地步。”

系统功能语言学与语料库的结合广泛、深入地用于语言研究的各个领域，在系统功能理论框架下，设计、开发语料库工具和建设语料库，将改变语言研究视角、催生新的思想、促进语言的研究和应用。在系统功能语言学理论框架下语料库建设的规划、采样、整理、赋码、标注等，除具有一般语料的常见特征外，还蕴含鲜明的系统功能语言学特色，便于对其从系统功能的视角进行数据挖掘探讨，例如，SysFan、SysConc、COBUILD tools、The Halliday Centre Tagger（香港城市大学韩礼德中心语料标签软件）、AppAnn 软件（悉尼

大学语篇分析软件）、英汉评价语料库（北京师范大学语料库）、PENMAN（南加州大学篇章生成系统）、GENESYS（加的夫大学篇章生成系统）等。韩礼德引用 Teich“没有计算机的支持，当今的语言学研究是无法想象的。……语言学计算对那些真正关注语言例证的语言学分支特别有用，因为对篇章的探查和分析已经变得十分便捷”的言论来强调计算机语料库对语言研究、语篇分析的重要性，并明确指出在系统功能理论框架下，计算机语料库可在语法模式、系统网络、过程类型、篇章对比等方面辅助语篇分析（构建系统功能语言学理论的目的、适用语言学的重要体现）。

语料库与功能语言学契合，以语料库自然真实的语言大数据为基础，多维立体地进行语言研究，不仅能检验、验证通过直觉、内省得出的语言特征，还能发现前人未曾发现的语言模式，抽象、概括出新的语言学知识和理论。计算机信息技术日新月异，推动了系统功能语言学理论框架下的语篇自动和人工分析。语料库及其自动分析工具与人工分析相结合，分析级阶以词为中心，向词以下的信息单位、词以上的词组、短语、小句推进，涉及功能语言学的概念、人际、语篇三大元功能，涵盖语言的横组合和纵聚合关系。系统功能语言学将语言的横组合和纵聚合相协调，重视语言的纵聚合关系。如对赋码语料库的搭配分析可以由搭配短语抽象到类连接，“类”和“连接”很好地体现了语言的聚合和组合关系。建立在频率的基础上，对使用中的语言基于大数据数理统计，挖掘探索语言形式与意义及其使用的特征和规律。语料库建库抽样数据基础真实可靠，在此基础上的数理统计，从自然发生的语言实例中归纳、总结、抽象出语言的普遍规律，使研究结果具有可重复性、可验证的特点。对真实、可靠的语言及语言使用的语言大数据的计算分析，描述、揭示语言及语言使用的特征、规律，这是传统语言描述分析所不能企及的。

综上所述，系统功能语言学和语料库契合具有必然性和必要性，这是基于二者发展进化的历史渊源、重视对真实自然语言的意义研究和强调语言选择概率等基本共识。首先，二者都是在与形式语言学的抗争中发展起来的，在发展完善过程中相辅相成、相互交织，有着深厚的历史渊源。其次，系统功能语言学和语料库都以使用中的真实自然语料为研究语言的出发点，重视语境对意义的决定作用，遵循语言研究的意义取向、相信文本等共通基本原则。最后，系统功能语言学在语言系统选择的概率上与语料库高度一致，都认同概率是语言固有的特征，是语言描写研究的前提基础和核心。最后，系统功能语言学和语料库在理论构建和研究方法创新等方面存在很大的互补空间；系统功能语言学一贯重视理论的应用、正朝适用语言学的方向（强调理论有助于解决问题）发展，这与语料库以实用为导向的理念一致，这些共同基础和互补必然导致它们的契合。

系统功能语言学和语料库契合，二者的结合相得益彰，共同推动我们对使用中的语言运作的理解。一方面，语料库为系统功能语言学理论研究提供新的方法和有效实践，语料库用于系统功能语言学研究将深化系统功能语言学理论、完善研究方法、推动系统功能语言学的应用；系统功能语言学为语料库发展提供理论支持和应用体验。二者的结合是经验主义向传统语言学理论和方法发出的挑战，是语言学理论和方法经验主义的回归，符合当前语言学研究的大趋势。

第六章　现代英语语言学多维探索研究

第一节　现代英语语言学的社会视角

一、社会语言学视角下的中国英语

随着社会的不断发展、科技的不断进步，我国各个领域均得到了很好地发展，尤其在经济全球化趋势不断加快的今天，我国不仅在各个学校中开设英语学科，同时也在深入地研究有关中国英语的内容。如今语言学已经发展成为多种形式，社会语言学即为其中一种，其主要由两个方面组成：一是语言学，二是社会学。本节通过查阅相关资料，简要介绍认知社会语言学、中国英语与中国式英语之争，以及认知社会语言学的世界英语变体研究对中国英语的启示，以期能够为我国中国英语研究方面的发展提供有价值的参考。

语言文化博大精深，各个国家均有自己的语言，其在表达方式以及所代表的含义等方面均有很大的不同，而英语作为世界第一通用语言，在很多国家中均得到了推广。语言学自出现之日起，世界英语变体研究也随之拉开帷幕，逐渐认知语言学也出现在人们的视野中，但两者的结合研究则是在21世纪才正式开始，其中，社会语言学是其重要的组成部分之一。通过研究中国英语，也能够获得有关世界英语变体方面的内容，促进语言文化发展，因此我国从未停止过对中国英语的研究。

（一）认知社会语言学概述

认知社会语言学属于认知语言学的一种，其以认知及社会取向为核心，将两者进行综合后形成新的社会文化语境，其能够将语言及其认知进行分析，并成为变体与认知的研究，这也是目前认知语言学研究方面的重要突破。该语言学囊括多个学科，如生物学、人类学以及社会语言学，其可以充分地展现出人思维、环境之间的互动，也能够将社会语境进行优化，同时也是文化、语言交互作用下的产物。从客体角度而言，认知可以是个体，也可以是整体，个体不同其所看待事物的角度也不同，对于各个方面的认知也就存在差异。

（二）中国英语与中国式英语之争

1. 异质论

我国学者在研究世界英语变体方面得到如下结论：多数学者认为中国英语与中国式英语之间存在着某些差异，甚至存在着本质上的不同。所谓中国英语，其主要内容为规范英语，能够表达出中国的文化规范，也能够使行为模式、文化价值等方面得以体现，并整合为一个规范变体，其对于促进中外文化交流方面有积极作用；但中国式英语与之不同，带有贬义的意味，指的是中国人在学习英语时，往往会出现读音方面的错误，或语法方面的错误等，这对于促进文化交流方面十分不利。另外，在使用主体方面两者之间也存在较大的不同，中国式英语带有鲜明的个体性，而中国英语则不同，其集体性较强，根据目前的情况来看，中国式英语还处于不断的变化中，而中国英语方面已经趋于稳定。

2. 连续体论

一定意义上而言，中国英语、中国式英语之间有着连续性，因此可以将其视为一个连续体，具体而言，中国式英语出现较早，而中国英语是在其基础上发展而来，并实现了优化，如今在各个方面也已经趋于成熟。整个连续体中存在着判定标准，而判定的指标是英语母语者对其的看法，是否处于其可接受范围内，在其可接受范围内又会对其划分等次。一般而言，中国英语更符合标准英语的要求，而中国式英语则很难满足其要求，若能够将中国式英语向中国英语转变，也就能够增加标准英语的概率，这也意味着我国人们使用英语的能力有了较大的提升。为了能够更好地实现这一目的，我国也在不断地优化英语教学，使学生群体能够掌握更加精准的英语知识和英语表达能力，使中国英语的群体能够得到扩大。

3. 同质论

前文提到我国部分学者认为两种英语之间存在着异质的特点，但并不是所有的学者均持此观点。有些学者认为判定是否符合标准英语的要求，其主要是受听者的影响，无论人们使用的是中国英语或是中国式英语，在判定时均需由听者来决定，即听者如果为以英语为母语的人，其在听到不标准的英语发音时，即会主观上将其定义为中国式英语，而当听者是以汉语为母语的人们时，其不仅不会将英语发音不标准的人视为中国式英语群体，反而会对其产生很强的亲切感，甚至在其认知里，其认为中国式英语才是标准的英语。而导致出现此种反差的主要原因在于文化背景的差异，其所接触英语的时间长短不同，对英语的掌握能力不同以及判定是否为标准英语的主体也不同。

（三）认知社会语言学的世界英语变体研究对中国英语的启示

1. 过于形式化

在研究中国英语方面，我国虽然站在了社会语言学的角度下，但依然无法改变其研究深度，其只是将语言学描写方面作为重点，却并未对其背后的意义展开探索，使得研究过于形式化，此特点在词汇方面的表现尤为突出，很多研究者只是将中国文化中带有中国文化特色的词语单独提出来，并对其进行描写，认为可以将其视为中国英语的特色，但其实不然，此类词语只能够代表某一类特点，无法将中国英语本质充分展现出来。如我国人们在探讨外国文化时，鲜少使用中国文化词语，而当外国人在研究中国文化时，其往往会使用中国文化词，这就是两者之间的差异。

2. 研究对象不明

无论研究哪个方面的内容，基本的研究对象应做到明确，然而在中国英语方面却并未能很好地做到此点。我国研究者在世界英语理论方面或是在中国英语方面，均缺乏较深入的了解，在对中国英语进行总结时，也往往只是将以往的语料作为主要内容，缺乏新元素、新知识。在认知社会语言学下，中国式英语、中国英语之间既存在相似之处，又有着较大的差异，中国英语显然更为正规，其研究对象也多为学习者；而中国式英语的表现可以很明显地看出其为第二语言，具有鲜明的个体性以及不稳定性，两者在某些方面达到重合后，又会因各自的特点而出现不同之处，最终导致研究对象不明。

3. 缺乏系统理论框架

在研究中国英语的时候，很多学者均会根据自身对中国英语的理解以及传统研究方式来进行，直觉方法即为其中的一种，此种方式主要以汉语特点和汉语思维为主，并由此一点点地探索中国英语的特点，但很显然此种方式并不能完全代表中国英语，反而会使其中夹杂中式英语特点。若此种情况不能够得到及时的舒缓，长久发展下去势必会造成错误的知识观，使中国英语与中国式英语之间的区别越来越不明显，甚至会逐渐被中国式英语吞并，如此一来我国在与外国进行各方面交流时均会受限，也会影响到整体的文化交流。

综上所述，研究关于认知社会语言学视角下的中国英语方面的内容具有十分重要的意义，其不仅可以推动社会语言学发展，也能够使我国在英语领域实现新的突破。尤其处于当今形势下，英语占据重要的发展地位，如今跨国企业越来越多，对相关人才的要求也越来越高，然而中国英语目前最大的用处只是用于交流沟通，尚未对语言学研究方面提供有意义的帮助，虽然近年来我国不断加大资金、技术以及人才方面支持，但该方面依然存在较大的可上升空间，因此相关机构和人员应加强此方面的研究。

二、交际社会语言学视角看大学英语教学

交际社会语言学是 20 世纪 80 年代末新兴的学科，主张把语言放到大的社会环境中，研究不同社会文化背景下言语社团的语言实践。交际社会语言学的理论基础包括海姆斯的交际能力理论、甘柏兹的互动社会语言学及列文森的礼貌理论。笔者从这三个理论出发，探讨分析交际社会语言学对大学英语教学的启示，以期在英语教学实践中提高学生的英语综合应用能力。

社会语言学于20世纪60年代诞生于美国，70年代末80年代初传入中国。它是一门新兴的边缘学科，旨在揭示语言结构和社会结构的“共变”。在20世纪后半叶，语言学家认识到语言交际所包含的内容超出了词汇的基本意义，他们开始把研究的对象扩大至语篇和谈话。[a]格瑞斯的会话蕴含概念、海姆斯的交际能力概念、费尔默的话语的标志功能及兰可夫的语境意义进一步扩展了对言语交际理论的认识。Gumperz将“互动”概念引入语言学中，强调互动在语言交际中的重要性，从而形成互动社会语言学。由此，在20世纪80年代末兴起了交际社会语言学。

（一）交际社会语言学的理论基础

交际社会语言学主要研究人类如何使用语言、理解语言及影响语言。经典社会语言学的相关理论构成了交际社会语言学的核心。社会交际语言学的基础包括以下三个方面：

1. 海姆斯的交际能力理论

海姆斯是交际民族志学的代表人物，他在《论交际能力》一书中提出“交际能力”，即从内部的语言能力转向语言的实际运用，从理想的语言模式转向现实的语言交际，这对交际社会语言学产生了重大的影响。交际能力主要包括语法性、可行性、得体性及实现性四个方面的内容。海姆斯将交际能力看作是人使用语言能力的总称。一个人具有交际能力，表明他不仅具有基本的词汇、语法知识，还掌握了语言在社会交际中的使用规则。

海姆斯指出，语言能力是潜在的、先天的普遍机制；而交际能力是实际的、后天形成的，是人们在言语交际、社会生活中逐渐培养的能力。海姆斯的交际能力理论的根本目的是能够全方位地把握人类运用语言的能力。

2. 甘柏兹的互动社会语言学理论

互动社会语言学是交际民族志学与会话分析学相结合的产物。首先，互动社会语言学借鉴了交际民族志学的研究方法，以便深入地了解人类交际能力的普遍特征；它还继承了交际民族志学的一些核心概念，如语境、交际能力等。同时，互动社会语言学吸收了会话分析学的原理，旨在把握人类交际过程的本质。Gumperz提出，互动社会语言学研究的是会话策略、语境化提示和语境规约、会话释义和会话推断，即通过观察交际双方在会话过程中的“互动”来推断交际者在采取某个行动时所依据的社会概念，并检验言语与非言语信号是怎么在释义过程中被理解的。互动社会语言学的主要研究内容包括会话策略、语境化提示、会话推断、会话风格和话语标记。笔者下面仅陈述对大学英语教学影响较大的会话策略、语境化提示。

会话策略是互动社会语言学的核心概念。Gumperz指出，会话参与者保持会话持续进行并不断地增强理解的行为被称作会话策略。会话策略主要体现在会话参与者如何选择适

a 张丽莹，于江．论《他们眼望上苍》中赫斯顿的“协合”[J]．湖南医科大学学报（社会科学版），2008，10(6)：141-144.

当的交际方式、对交际方式所运用到的知识的理解及在会话过程中如何理解对方话语的活动。研究会话策略，需要研究会话参与者如何在具体的语境中运用各种各样的交际知识来理解言语和非言语信息以达到特定的交际目的，进而推动交际的顺利进行。通过对会话策略的研究发现，社会文化的差异及其在语言上的折射导致误解、社会偏见和歧视的产生。

语境化提示是互动社会语言学中会话策略的核心概念。Gumperz指出，在会话过程中，不断产生的语境化提示是会话参与者赖以解释会话意图的必要信息。语境化提示包括话语手段和非话语手段（如手势、体态、面部表情等）。互动社会语言学认为语境是动态的，在交际的过程中不断变化；同时强调话语与语境的互动关系。语境化提示是交际互动的产物，同时也对交际的顺利进行非常重要。交际参与者通过各种认知手段参与对会话的理解，他们的话语不仅传递信息而且把这些信息语境化，并且通过特定的背景知识提示让对方理解。

3. 列文森的礼貌理论

随着交际能力在会话中重要性的凸显，面子理论逐渐扩展至文化层面，用以解释面子问题及维护面子的行为。面子的概念由中国的胡先缙在1944年介绍到西方，美国的高夫曼在此基础上于1967年系统地提出了面子概念。布朗和列文森进一步发展了面子概念，提出谈话人在交际时需要满足两种面子需求：积极面子和消极面子。积极面子是在交流时双方需要表现得十分融洽；消极面子是在交流时秉着不得罪对方的原则。

社会语言学家开始研究交际者如何运用自己的礼貌策略到达成功的交际。其中最具代表性的是列文森的礼貌理论，包括面子说、损害面子行为、礼貌策略及损害力计算式。面子说指在交际过程中需要顾及说话者个人和社会两方面的需求，即积极面子和消极面子。损害面子行为指危及说话者面子的言语行为，作为对损害面子行为的补偿，他提出了礼貌策略。

（二）交际社会语言学对大学英语教学的启示

大学英语的教学目标是培养学生英语综合应用能力，以适应我国社会发展和国际交流的需要。交际社会语言学所关心的是对交际实践进行分析以达到交际目的。我国的大学英语教学应该充分地利用交际社会语言学这一重要原理，把大学英语教学推上一个更高的台阶。交际社会语言学对大学英语教学研究具有重要意义，主要体现在以下几个方面。

1. 培养学生的英语交际能力

海姆斯强调理解交际能力并将其运用于实践，可以“增强教育事业的成就”。从交际社会语言学的角度看，教学的本质是人类社会的交往活动，教学行为是一种交往行为。作为一种社会交际，教学的目的是促进受教育者的自我发展，让其收获知识，培养其能力。在英语课堂上，会话双方是师生、生生，而主要的发话人是教师，教师的话语直接影响着学生的语言输入和输出。教师要多提具有启发性、开放性的问题，以激发学生的思维潜能，同时可以给予学生恰当的提示，让学生有更多的语言输出。对于学生的回答，教师要给予积极的反馈，鼓励学生做大胆的尝试，活跃课堂气氛。由于缺少英语学习环境和氛围，教师需要尽可能地为他们创造语言实践场所，创设良好的教学情境，为学生的言语交流活动提供合适的氛围，使知识的传递丰富化，让学生变为言语交际活动的参与者和主导者。教师可以在完成一个单元的学习后，让学生根据所学习的内容进行场景对话、故事复述、角色扮演等，丰富课堂生活，让学生积极主动地参与到交际活动中，从而不断地提高他们的交际能力。

2. 实施语境化教学

语境化教学不仅包括在语篇学习时所需要的互文语境，同时也包括英语学习者所需要的情景语境和文化语境。对于语篇教学，不能单纯地学习单词、词汇、句子、语法，而要全面地把握整个语篇的主题、段落划分及主旨、写作手法。只有整体把握语篇，才能根据互文语境推断出作者的意图，引导学生注重语言交际功能。多媒体具有融文本、图像、声音、视频动画等为一体的优势，它的使用丰富了语境化教学，实现了视觉与听觉等多角度的转换。在课堂上，教师可以在新课的导入部分为学生播放一段相关视频或听力材料，为学生提供原汁原味的语言输入，呈现真实的情景和文化语境；也可以借助多媒体创设不同的社会交际情境，营造身临其境的氛围，激发学生的学习兴趣，增加师生之间的互动，凸显学生学习的主动性。在每一单元结束后，让学生进行角色扮演，根据所学内容还原情景语境，这样不仅可以调动学生学习的积极性，充分挖掘他们的潜能，而且可以增强他们的合作、互动精神，提高他们的外语交际能力。

3. 建立良好的师生关系，营造和谐的课堂氛围

教师的话语行为对学生的认知和学习效果有很大的影响。由于课堂上师生的地位不同，会出现教师对学生面子威胁的情况，主要体现在约束学生的自由、打断学生的发言、消极评价学生的课堂表现，这极大地打击了学生的学习积极性。教师应该对学生的课堂表现进行礼貌评价，这样可以降低学生的面子威胁。对于学生的回答，教师应给予积极的评价，这样不仅可以树立学生的自信心，激发他们的学习热情，增强他们的学习动机，同时也可以建立良好的师生关系，营造和谐的教学环境。

4. 加强英语文化知识学习

我国的大学英语一直采用传统式教学模式，即词汇、语法的讲授，忽略了对学生英语文化背景知识的传授，导致学生在实际的交流中，把自己的母语习惯带到目的语的会话中，形成不必要的交流障碍。教学实践表明，仅仅系统地掌握语言结构是不够的，缺乏目标语社会文化知识的学习在实际的语境中是一种失败的语言学习。在日常的教学环节中，教师应该把异国的文化带到课堂中，加强英语文化知识的导入，加深学生对异国文化的理解，从而培养学生的人文素质，提高他们语言的理解能力。

三、从社会语言学视角探究网络流行的中式英语

随着社会的发展进步和网络技术的广泛应用，在网络上出现了很多受人追捧的网络流行语，其中不乏中式英语的表达，它有别于传统媒体语言，符合时代特征和需求，但也有其局限性，深入研究这一语言现象，使其建立科学、系统、可持续的规范性标准。

伴随着网络技术的产生与发展，出现了一种新的语言形式——网络语言，尤其是一些网络流行语，作为一种语言变体，越来越受到人们的广泛关注，其中属于中式英语的网络流行语，也乘着网络之风发展起来，成为语言研究的热门话题。网络流行语，是指在网络中某一时期或某个特定网络社区中广为流传并被高频率使用的语言，是集语言学、社会学、心理学及文学等学科理论和原理于一体的综合性言语时尚。尽管不被用作正式的书面语言，但这并没有妨碍它们在网络中的广泛流传和使用。可以说，中式英语是源于社会发展的语言且约定俗成地被大家接受了。较典型的例子如“no zuo no die”“you can you up”（你能你上）、“打 call”等一系列的英汉词汇、语法混用的词语。其实，不仅在网络中，即使在现实生活中，也有一些中式英语已被大家熟知并得到广泛认可。

（一）网络流行的中式英语现象及其特点

首先，中式英语指带有汉语词汇、语法、表达习惯的英语，是一种具有中国特色的语言。中式英语由来已久，最早期的中式英语在香港出现，当时，清朝将香港割让给英国，当地一些人在与洋人的接触往来中或多或少会学到一些简单常用的英语词语，在交流的时候，他们会用自己的方式把学到的这些词夹杂着汉语表达出来，而且有些已经融入英语之中。比如，打招呼时的“Long time no see！”(很久不见)，作为最早的中式英语的典型表达，早已被英语体系所接纳，沿用至今，以至于被误认为这就是原本的正宗英语表达。

起初的中式英语主要是把中文词语逐个译成英语后按汉语语言方式连接起来，比如，you have two down son(你有两下子)、you me you me(彼此彼此)、watch sister(表妹)、moon under old man(月下老人)，等等。现今，很多汉语拼音直接“侵入”英语中，比如，被评为 2013 年十大网络流行语之一的“no zuo no die”(不作不死)，常被引用为中式英语的典型例子，其中，“作”读作阴平“zuo”，源自东北方言，是“找事儿，找死”的意思。这个说法的意思是“自己找事儿，咎由自取”。类似的还有汉语拼音结合英语构词法，比如 geilivable(给力的)、ungeilivable(不给力的)、undingdable(顶不住)等，这些词都是汉语拼音结合了不同的英语单词词缀，有形容词后缀 -able，以 -lity 做后缀的名词，表示“性质”“状态”，还有表示“否定”的前缀 un-，也曾有借用英语语法的情况，英语中的过去式和进行时的词尾 -ed、-ing 被用在汉语词汇中，比如，吃 ed(用表示“过去”的词尾—ed 表达“已经吃过了”的意思)、羡慕 ing(用表示“进行”的词尾 -ing 表达“正在吃”的

意思）等等。这些词不仅让人耳目一新，而且感觉特别符合英语构词规则，其中一些表达在美国在线俚语词典都能找到。还有的是利用汉英语言的谐音音译来的，比如，“砍柴”，英语反意疑问句“can’t I”的中文谐音，意思是“难道我不行吗？”“爱豆”是“idol”的中文谐音，意为“偶像”，如“你知道你爱豆的真实姓名吗？”“闹太套”是“not at all”（根本不）的中文谐音。此外，英汉词语混搭结合也是一种表现形式，比如，入选2017年十大网络流行语的“为××（疯狂）打call”这样的句式，意思是为其加油、呐喊，是用来表示赞同和支持的。同年入选的“你有freestyle吗？”也属于英汉结合的形式，同样的还有我们早已熟悉的“你out了”。总之，这样的说话方式让人觉得言简意丰，新颖有趣。

笔者在此所提的仅是网络中式英语的冰山一角，它作为一种更加自然化的语言，必然有其存在的合理性，这也正是它有别于传统媒体语言的特点：

1. 文化性，网络流行的中式英语映射出两种语言背后的文化差异，一些具有独特中国文化特征的词语，无法用英语恰当地传达出文化意境，反而干脆用中式英语表达更为直接。

2. 趣味性，整体而言，网络语言现在逐渐走向幽默趣味化，现实生活中的人们承受着来自生活、工作等各方面的压力，网络则提供了一个舒缓情绪的场所和途径，人们喜欢用一些轻松愉快的词来表达自己的情绪，许多网络上流行的中式英语非常有趣，甚至令人捧腹，无形中成为人们自我放松的方式之一，也起到减轻人们生活压力的作用。

3. 简洁性，人们在网上聊天时喜欢用更加简洁明确的表达以求省时省力。中式英语表达不过多地考虑两种语言在构词、句式、语法上的差异，或混合或借用的表达方式，以取得最快且最有效的沟通。

（二）社会语言学视角下网络中式英语的成因

人类语言的产生与发展和社会的产生与发展有着密不可分的关系，语言产生于社会的发展，语言的演变也伴随着社会的发展，必然会持续不断地产生符合时代特征和需求的新词汇，扩大语言的表述范围。语言演变主要有两个原因：一是内因，即语言系统自身因素引起的变化；二是外因，即社会发展引起的语言演变。

1. 语言内部因素

英语中没有对等的词句网络流行的中式英语，很多是语言自身发展的需要，随着社会的发展进步，人们受教育程度的提高，具有中英双语能力的人越来越多，有时由于目的语的语言能力有限或者文化差异的缘故，当一种语言很难在另一种语言中找到恰当的对等词语的时候，借助中式英语来表达不失为一种权宜之计。这样的表达直接明了，别有一番风味，比如“给力”“作”，英语中没有与之对等的词。尤其许多汉语成语翻译成英语后失去了本身的语言特点，中式英语反而表达得更加形象生动。比如“people mountain people sea”“horse horse tiger tiger”“five flowers eight doors”，翻译成汉语分别是“人山人海”“马马虎虎”“五花八门”，“know is know，no know is no know”（知之为知之，不知为不知）。

语言接触的影响，语言接触是指使用不同语言的社会群体之间由于各种形式的社会交往而引起的语言上的交流，这必然造成语言之间的相互影响，使原有语言结构或语用功能发生改变。比如语言借用，它是指某社会群体在与其他群体接触的过程中，利用其他语言补充自己语言所需要的成分，如语音、词汇，甚至语法系统，尽管它被认为是语言中最不易受到影响的成分，而现代语言中语言接触程度深入到打破语法常规的现象随处可见，前文中已提到过许多。此外，也不乏语言混用的现象。总之，语言的交流变化反映了全球社会的融合发展，为广泛的语言接触提供了条件。

语言经济原则，语言的经济原则最早是由法国语言学家 Martinet 提出的，随后，美国语言教授 George Kinsley 在 1948 年提出省力原则，包括“说话人经济原则”和“听话人经济原则”。网络交流要求简洁和高速，甚至在某种程度上可以认为，经济原则是网络语言产生的源泉，网民喜欢以简洁且内涵丰富的语言代替冗长烦琐的表达，这使网络语言迅速体现出较之传统媒介语言的优势。

2. 社会文化因素

首先，语言与外界社会的关系语言是社会进步和发展的产物，也是文化的载体。从国际社会大环境来讲，随着全球化的不断深入，各国之间的友好往来日渐频繁，英汉两大语言的广泛应用，不仅体现在外交和学术领域，而且深入民间文化以及普通人的日常工作和生活中。其次，近年来，中国的国力发展突飞猛进，越来越多的人开始关注并学习汉语，语言接触频繁，文化上相互借鉴融合，为这种语言现象的产生提供物质基础和开放多元化的大环境。

语言与社交媒介的关系，随着现代科技的不断进步，互联网及各种电视媒体成了人们日常生活中必不可少的通信方式及交流互动平台。这个平台的使用范围之广和渗透力之强都是前所未有的，它不受时间和空间的限制，传播面之广、速度之快超乎想象。这些都为网络语言现象的产生和存在提供了便捷的传播通道，使其在短时间内迅速流行起来。

语言与交际群体的关系，网络流行的中式英语作为一种语言变体，必然具有一定的社会分布范围，语言变体有社会意义的区别，不同的变体反映了交际者的不同身份或是不同场合。祝畹瑾认为：“语言变体是由具备相同社会特征的人在相同的社会环境中所普遍使用的某种语言表现形式。”而其他社会群体受到影响，由于公众舆论和群体暗示而趋于使用这种语言，这是从众心理的表现。人的主观性使人们在任何领域的活动都带有或多或少的偏见性，语言活动范畴也不例外，人们趋向于选择性地使用那些社会认可度比较高，彰显求异或从众性的语言。

（三）网络流行的中式英语的利弊和发展趋势

网络流行的中式英语反映了社会文化、语言本身等因素共同发展的现实情况，它简练语言、简化人们的交流，提高交流沟通的效率，尤其是青少年作为网络语言的活跃群体，追逐时尚的他们可以通过这种方式来获取自我尊严和群体认同，并利用这种独特的表达形式发挥创新力，其幽默诙谐的特点也增强了交际的有效性；从语言发展的角度看，这种语言现象丰富和扩展了英汉语言自身的词汇和语法范畴，不仅加强了英汉两种语言及文化的交流与借鉴，也推动了汉语言及文化的传播和发扬。

但是，网络中式英语的使用也有其局限性，最典型的如隔代交流差异化理解，青少年若使用网络语言与父辈祖辈交流，会带来沟通障碍。此外，一些带有负面影响、带恶搞含义的网络语言会对青少年的价值观产生副作用，破坏了原有的语言规范；不良用语被合理化，使其在传播过程中带来文化的重构，对青少年的价值判断形成干扰。另外，网络语言的交际语境也大都局限于非正式场合，适用于网络交流或口语交流中，带来调侃娱乐的效果。

可以想象，在今后的社会发展中，网络语言会有越来越广阔的发展空间，对此，既不能搞保守的语言净化主义，试图禁止这种语言现象的发展，也不能任其泛滥，不受约束地肆意发展。网络这个虚拟空间为网民提供了一个发泄情绪、放松心情的平台，同时，也需要对网络环境进行有效监管，防止对青少年造成不良影响。

总而言之，对待这种语言现象需要采取辩证的态度，既不能全盘否定，也不能全盘接收。语言是一个动态的发展过程，而且在传播过程中不停地变异，作为文化载体，网络流行的中式英语也承载着网民的意向和诉求，要以科学的态度对待这种语言现象，深入地研究它的形态、构成、分布和发展趋势，在尊重语用者语言习惯的基础上，建立科学、系统、可持续的规范标准，使其走得更远更健康。

四、社会语言学视角下英语使用的阶层差异

语言是社会组织的产物，是社会意识形态的一种。语言的存在、理解和使用，因使用者所生活社会文化背景的差异而具有明显的阶层特征，因此不同阶层人们的惯用语言具有很强的差异性。同时这种差异性影响着人们对信息的接受，在一定程度上又能表现出话语者的社会特征，体现出语言的社会识别功能。从社会语言学视角，探究英语国家社会阶层语言的变化规律，可以引导国内英语学习和研究者克服由于自身所在社会文化背景所造成的语言偏见，增进对英语国家语言文化的了解，从而回归到标准化、大众化的英语语言上来。

社会语言学是研究语言与社会多方面关系的学科，它覆盖了大量有关语言和社会的问题，重点研究隐藏在语言使用不平等现象背后的社会和政治含义上。作为一种交流工具，语言本身不具有阶层属性，但在使用过程中，尤其是在传统英语国家会表现出明显的社会阶层差异。正如萧伯纳《茶花女》中席金斯教授所言：“一个人的社会地位会通过他的说话表现出来。”不同社会阶层成员之间交流时，因其所受教育、从事职业、所处地域及生活方式不同等，在语音、语法、词汇选择方面存在着区隔差异。所以，仅凭单纯

的社会、经济、生活方式等差异性来区分不同社会阶层是不全面的，还需进一步探究与其语言、谈吐等密切相关的更深刻因素。从社会语言学视角研究英语国家不同社会阶层的语言本身及其语境关联因素，不仅可以得到英语语言自身的使用方法、规律、特点以及语言所代表的人物个性、阶层差异和社会背景，还能发现语言场景中由于权势、阶层等因素诱发的语言差异和语言不平等现象，进而为国内英语学习和研究人员进一步了解英语国家语言文化提供借鉴。

（一）英语发音的阶层差异

语言历来具有政治属性，同一地域多种口音之争往往存在着某种政治经济关系与权力消涨。从一定意义上讲，口音（accent）是同种语言里与阶级相关的特有发声方式，它有标准口音和非标准口音之分。所谓标准口音是特定阶层依据社会标准而不是语言学标准人为创造的。正因为口音这种社会建构性，所以一切口音都有可能因为接受群体不同得到认可或受到诋毁。

世界上英国人对于口音这件事最为偏执，在其社会生活中具有独特地位。英国人习惯于根据口音特点而非财富和职业判断一个人的社会阶层。他们相信，一个人的出身、成长环境、受教育程度以及社会阶层背景等，不是由其相貌决定，而是通过他的口音表露出来的。一个社会阶层的发音不易模仿。因此，不同社会阶层成员，尤其是中上阶层成员口音是绝对不会轻易改变的。一位中产人士，即使他破落了、潦倒了，甚至无家可归，他依然要操中产阶层口音，人们也依然会认为他还是中产阶层。相反，一个操下层口音人士，即使他把沙发称作 settee、午餐叫作 dinner；甚或腰缠万贯，住着豪宅别墅，人们依然认为他仍是下层阶层。这与国人对“土豪”的认识有点类似。

诚然，仅凭口音区分社会阶层有一定局限性，但总体来讲，英语国家处在社会顶层人士的发音方式大多是正确的，因为他们大都受过良好教育，发音清晰易懂而且准确；而下层阶层由于受教育程度普遍较低，发音则不够清晰、不易理解。这一论断的例证，就是下层阶层很难发出元音，特别是喉塞音。他们常常省略、吞掉或故意丢弃字母“t”和字母“h”。比如，如果要询问时间，下层阶层会说“alfpast ten”；“handkerchief”在下层阶层口中会被读成“ankerchief”等。同样，“美丽”（beautiful）一词，上层阶层发三个音节，而到中产阶层那里成了四个单音节词，bee-you-tee-full。

总体而言，尽管上层阶层的发音并不必然比下层阶层更易懂，但是不得不说，发错某几个具体的音，通常会揭示出说话者低下的教育水平和下层阶层身份。

（二）英语语法的阶层差异

英语语法的运用就像一面镜子，它能反映一个人受教育程度及其社会阶层地位。通常情况下，中上阶层成员由于受教育程度较高，其文化素养也较好，在语法使用上更接近于标准英语。而社会阶层较低群体大多讲非标准英语，他们往往容易犯语法上的错误。

一般来讲，上层阶层语法结构和句型结构正确严密，讲究句与句之间的关系及结构的精密性。对称句子用得较多且使用更为讲究。连接词也更加富有变化，常用既能代表逻辑关系又能表示时空连续性的词，等等。下层阶层在语法使用上则显得不够严谨准确。他们所讲的非标准英语中第三人称单数加“s”常常被忽略，而且随着社会阶层的下降，忽略“s”的频率会逐层上升。美国社会语言学者曾对底特律市不同社会阶层使用动词第三人称单数不加“s”的情况进行调查，结果表明：中上阶层占 1%、下中阶层占 10%、上层工人阶层占 57%、下层工人阶层占 71%。不加“s”的比例前后相差 70%。这说明，许多处于下层社会的英语使用者对于动词第三人称单数加“s”这种语法规则，往往不够重视。另外，中下阶层还会对系动词 be 进行省略，这种省略是指一个动作、事件或状态不是经常或反复发生的情况。例如，“The tea cold”，意思是“Today the tea is cold”，而非“Everyday the tea is cold”。这也是中下阶层英语的独特标志。

采用双重否定也可以判断一个人的社会阶层地位。通常情况下，使用双重否定的频率与社会阶层成反比，越是阶层地位低的人群使用双重否定的频率越高。尤其在黑人英语中，常常忽略语法的选择而使用双重否定或多重否定。尽管看起来非常不合逻辑，但使用却十分广泛，它几乎是一种非用不可的否定式。当然，其双重否定并非表示肯定，而是否定的意思。例如，要表述“他没有干活”，美国阶层较低的黑人常常会使用这样的双重否定方式：He wasn’t doing nothing. 而一般阶层较高的中产阶级则会说：He wasn’t doing anything.

当然，仅仅从语法使用的角度判断一个人社会阶层地位是不够的，因为，上层阶层使用语法并不一定比下层阶层更正确。不同社会阶层还会通过有意识的选择生活方式和说话方式来表现自己的阶层地位，所以，还需要了解其社会文化背景。

（三）英语词汇的阶层差异

在讲英语的国家，不同社会阶层成员会选择使用不同语汇来表达自己的思想、观点与情感，这有点像汉语所说的语言文化性，出身不同，修为不一。人们可以从你所用词汇中判断你的受教育程度和所属社会阶层。

首先，这种阶层差异性直接表现在受教育程度上。贵族、中产阶层与没有受到很好教育的英国人和美国人所讲语言词汇是不同的。最明显的例子莫过于《纽约时报》《华尔街日报》和《华盛顿邮报》。这三张报纸有明确的读者群，他们所使用的语言词汇集合也不尽相同。对于在美国受过大学教育的人而言，在读后两者时，基本上不会有任何障碍。金融、经济类工作者，比较关注华尔街的术语，因此阅读《华尔街日报》更为容易。普通中产阶层会阅读《华盛顿邮报》，关心时事。但是，《纽约时报》有些专栏文章用词就要生僻得多，对于没有一定人文教育背景的人，理解起来还是比较费事的。所以，不同社会阶层会因为生活和工作范畴而习惯于使用不同语言集合。在英国贵族使用的英语中，拉丁词源的会多些；中产阶层会使用大量科技发展所带来的词汇；而没有受到很好教育和社会地位低的普通公民更多的是使用原装英语。

此外，上层社会的人习惯使用一些大气雅致的词语，下层社会的语言则较为“粗俗”（vulgar）“鄙俚”（slang），而在上层社会人们会把它们当作禁忌语，尽量避免使用。所以，你很难想象一个贵族拿起电话会说：“This is Dr.Smith’s home.”你也很难想象一个住陋室的人会说：“It’s Jodan’s residence.”当你在餐厅就餐向服务员索要“餐巾”时，也只能用“napkin”而不是“serviette”，不然也会被认为是下层阶层。因为serviette（餐巾）是帕多尼亚人对餐巾的称呼，也是一个伪上流社会的例子。有些人希望通过使用这样一个奇特的法语词汇，而非普通的英语词汇来增强本人的社会地位。事实上却恰恰相反。“serviette”据说是由中产阶级下层引进的，由于“napkin”（餐巾）一词与“nappy”（尿布）一词太相似，他们便想要找寻一种更优雅的表达方式。

总之，通过一个人对英语词汇、表述方法的选择，不仅可以看出其语言风格、人文素养以及受教育程度等，更重要的还可以揭示其所处社会阶层地位。

英语在使用过程中的阶层差异，反映的是传统英语国家一定社会人群对自身所处社会阶层固有的、与生俱来的，甚或是偏执的情感依托。它是维系不同社会阶层心理认同、文化认同、价值认同的重要力量，其实质乃是文化阶层性的表现，背后蕴含着深厚的文化传统。对我们而言，研究英语国家阶层语言，目的不在于如何消弭阶层语言之间的区隔，而是通过对这种语言差异性的认知，更好地开展与英语国家不同社会阶层的人文交流与合作，多层面地了解英语国家语言文化。因此，我们需要适应这一阶层语言特点，深入探讨隐藏在语言背后的深层次社会文化背景，消除语言屏障，畅通交流渠道。另外，就英语学习来讲，英语是外来语，在与本族语并存的情况下，会受到已经根深蒂固的本族语言的影响。因此，我们需要从社会语言学角度了解英语语言的阶层分类，掌握英语国家阶层语言变化规律，融入当时当地的英语语言环境，克服由于自身所在社会文化背景造成的语言偏见，从而回归到标准化、大众化的英语语言上来。

第二节　现代英语语言学的认知视角

一、认知语言学视角下的英语介词语义

本节从英语学习者学习英语介词困难的现实出发，运用认知语言学的概念隐喻、原型范畴和意象图式理论研究英语介词的多项语义，对如何提高英语介词教学效率提出建设性的对策和建议。

（一）问题的提出

很多英语学习者在学习之初就对英语介词产生畏难情绪，导致英语学习困难。研究这种现象出现的原因，进而找到解决这个问题的方法显得尤为重要。

国内很多学者对此进行了研究，归纳起来主要有以下几个方面：一是英语介词与汉语中的很多词汇一样，除了有本身意义以外，还有其延伸意义，如果不是系统学习，学习者很难掌握各种意义之间的联系。二是人类对空间关系的认知在范畴化和概念化方面存在较大差异。不同文化习惯的人们在确定物体的空间关系时会选择不同的参照物，而且会有先入为主的特点。我国学习者在学习英语介词时，往往会以汉语习惯建立空间关系，同样的道理，母语为英语的学习者在学习汉语时往往也存在同样的问题。因此，我国学习者在学习英语介词时会受到汉语和英语两种空间范畴系统的双重影响，而且汉语的影响更强，这导致在英语介词学习时会存在不同程度的学习困难。三是在英语多义介词教学中缺乏系统的理论指导，对介词的核心意义和延伸意义区分也不够，或者是简单地将介词的各个义项教给学生，学生往往通过死记硬背，或者根据语境来猜测其意义，导致学习者不能完整地掌握英语介词的核心意义和延伸意义。

（二）认知语言学理论视角下介词意义的阐释

虽然介词是语言学中的教学难点，但英语介词的存在对提高语言表达的丰富程度具有重要意义，因此要加强英语介词的研究。20 世纪 70 年代，认知语言学作为一个相对完整的理论系统开始出现，其后经过不断完善，逐渐涵盖人工智能、心理学、语言学等知识，对语言的研究和利用以及教学实践有极大的促进作用。本节重点运用认知语言学的概念隐喻、原型范畴和意象图式理论研究英语介词的多项意义。

1. 概念隐喻理论

20 世纪 80 年代，Lakoff 和 Johnson 提出和发展了概念隐喻理论，隐喻包括空间隐喻、实体隐喻和结构隐喻三种基本类型。作为一种认知手段或工具，隐喻的本质是概念，跨概念领域的系统映射，隐喻在表达中是将一个认知域中的概念应用于另外一个认知域中。通过隐喻、人们能清楚地表达某些概念，甚至表达词的本义。在很多情况下，这种表达是自发的、无意识的。

2. 原型范畴理论

作为认知语言学的重要的理论基础，原型范畴理论诞生于 20 世纪 70 年代中期。认知心理学家 Rosch 经过大量实证研究提出该理论。原型范畴理论是一个动态过程，范畴化过程包括两方面的意义：一是语言使用者对客观世界的分类，另一类是语言本身的分类。该理论从客观现实出发，在认知世界的过程中，对客观世界进行划分。

3. 意象图式理论

在认知语言学的理论体系中，意象图式理论的重要性主要体现在建构范畴、形成概念、分析隐喻、理解意义和逻辑推理等方面。在对客观世界的身体体验和感知的基础上，人类把客观世界的抽象概念和具体意象结构相联系，形成意象图式。意象图式理论在研究英语介词中的运用就是通过一个意象图式来理解英语介词多个义项之间的相互联系，或者通过多个意象图式之间的相互作用理解英语介词多个义项之间的相互联系。在英语介词核心意义的基础上推理其延伸意义，从而构成一个丰富的有机体系，有助于学生更好地理解英语介词的多项意义。运用意象图式来进行英语介词教学有助于学生避免来自母语的影响，加深对介词意义的理解和记忆。

（三）认知语言学理论在英语介词教学中的应用研究

认知语言学理论的快速发展，深刻地影响着英语教学，对英语介词教学的影响也是深远的。在英语介词教学中运用认知语言学理论要从以下几个方面进行改革：

1. 强化基本范畴词汇教学

在英语介词中，有一些词汇具有使用频率高、构词能力强、词形简单等特点。比如，over 这个词，词形非常简单而且常见，但它的构词能力就很强，与不同的词汇进行搭配，就会体现不同的语义。[a] 我们把这类词汇统称为基本范畴词汇。在人类对世界的认知过程中，对其进行分类并赋予语言符号，这个过程就是范畴化的过程，语言符号就是基本范畴词汇。在英语学习过程中，教师要特别重视基本范畴词汇，充分利用基本范畴词汇构词能力强的特点，强化基本范畴词汇的教学。教师可以帮助学生整理和归纳基本范畴词汇，每一个基本范畴词汇与不同词汇搭配，形成不同语义。然后随着词汇量的增加，在学生的记忆中会逐渐形成一个以这些基本词汇为核心的发散状的网络。如果形成了这种思维模式，学生碰到一个新单词时，就会自然而然地对其归类，并记忆其同类的相关词汇。

2. 重视核心意义词汇教学

在英语中存在很多多义词汇，即每个词汇有多个义项，有的义项之间联系不大，有些义项之间存在紧密联系。根据义项在词汇语义范畴中的地位，通常把义项分为中心义项、典型义项和边缘义项。在英语词汇中，往往先有核心义项，而后围绕核心义项延伸出其他义项。

在以前的词汇教学中，我们常常根据介词在特定的语境下讲解英语介词的某一特定意义，而往往忽视其核心意义（或者叫原型意义）；还有部分教师在讲解英语介词时，分不清介词的核心义项和非核心义项，全部为学生讲解，往往造成学生分不清重点和非重点，从而不能在根本上掌握英语介词的语义。在认知语言学理论看来，学习者应在掌握核心词义的基础上，挖掘其他词义之间的联系。从认知语言学的原型理论出发，教师在讲解

a　姚伊忱．高中英语阅读教学中文化渗透的教学设计案例分析 [D]．天津师范大学，2015.

多义的英语介词时，应首先讲解英语介词的核心意义（原型意义），再根据不同的语境，围绕英语介词的原型意义，进一步延伸或辐射出其他义项，培养学生根据上下文推测其他义项的能力。

3. 强化词汇隐喻和转喻教学

转喻和隐喻在英语学习中是一种有效的思维方式，是从特定目的出发，在学习英语介词时，通过对词汇所在语境和上下文的推测，并加以深入地分析后获得的。在以前的英语介词教学中，教师常常会按部就班地从课本所给出的单词、音标、词性以及与课文相对应的单一的义项来进行简单的汉英对译的解释。这种教学方法枯燥乏味，忽视了英语介词所在特殊语境及所蕴含的特殊义项，给学生学习和掌握英语介词的各个义项造成困难。因此，教师在实际的英语教学中要重视隐喻和转喻的教学，使学生能够生动有趣地学习英语介词，同时还能帮助学生挖掘词汇的隐义，了解不同词义之间的内在联系，从而使学生更快地掌握词汇的含义，最终达到记忆与运用的目的。

综上所述，英语介词的各个义项之间存在有机的联系，其中有一个核心的义项，其他义项在核心的基础上发展出来。在英语介词教学实践中，教师应该充分地运用认知语言学关于介词的理论进行教学，一定可以克服学生在学习过程的畏难和恐惧心理，从而在教学中起到事半功倍的效果。

二、认知语言学视角下英语阅读技法

认知语言学认为，人们语言体系的形成并不是一种独立的语言体系，而是通过人们与其他事物相接触而形成的一种自我的认知能力。认知语言学的形成在各个领域的应用非常广泛，包括心理学、语言学等。英语应试考试中阅读占有很大的比例，但是由于中西方文化的差异，分析英语阅读的方法存在一定的差异。在中国的认知语言体系之下，一般做事的思维方式都是在中国语言体系之下来发展。英语阅读在英语考试中是非常重要的，但是由于中西方文化的差异，在做阅读时存在一定的误区，本节主要从认知语言学视角下对英语阅读的技法进行分析。

随着国与国之间的交流的更加频繁，中国与各个西方国家的交流越来越多，不仅体现在政治、经济领域，还包括文化领域。英语作为国家交流的基础语言，对于学生来说显得非常重要，这就要求学生要学好英语，更好地将英语应用到交流中。英语在我国教育体系中是三大主要学科之一，在我国制定的教育方针中，教育方式偏向于理论，实践在教育体系中所占的比例是相对较小的，所以在学习的过程中也就偏向于学习的方法和技巧。就拿英语阅读来说，在做题的过程中，就很注重英语阅读技法的分析，但是由于人们认知语言的不同，有一定的难度。

（一）认知语言体系下学生英语阅读的阻碍

英语阅读作为学生学习英语中最为重要的一部分，在学习的过程中需要花费一定的时间去掌握学习英语阅读的技巧。英语作为一门西方语言，英语理解思维不能和我们日常理解语言的方式相同，由于文化的差异以及在语言表达上的不同，对于英语阅读来说，有很大的难度。认知语言学体系下学生英语阅读的障碍主要表现在以下几个方面：首先，学生自我思维认知体系的不同。不同的人有不同的价值观以及理解事物的思维方式，英语阅读在考查学生的过程中也同时考查学生对于事物的理解，以及在自我认知下的理解事物的思维方式。比如说，在英语阅读中一个单词有很多表达的意思，但是在学生阅读英语时，会以自己的思维方式去理解这句话所表达的意思，可以说是去掉了自己所不能理解的部分，以自己可以理解的方式理解句子。这就造成了学生学习英语阅读的不全面，学生在自我认知语言学体系下去理解英语阅读导致学生学习的不全面。其次，学生自我认知语言学体系下的表达方式的不同。我们日常习惯的需要表达方式是不同于英语的，中国的语序一般是正序，但是英语在翻译时必须倒着翻译，这也是中西方文化差异的不同所导致的。比如说中国语言表达门的钥匙，中文是“门的钥匙”，英文是“The key of the door”。从这个例子我们可以看出语序的差异是非常大的，所以对于学生在语言学习的过程中，要转变自我一贯形成的思维方式，用英语体系下的思维方式去理解英语阅读。最后，学生对于英语词汇的掌握度不够。词汇是学习英语的关键，就好像学习中文一样，拼音和字词也是关键。长期文化体系下形成的语言体系很难在短时间内形成转变，英语阅读需要大量的词汇，只有大量的词汇支撑才能促使学生更好地掌握英语阅读，但是在记忆方面又是一个很大的问题，所以学生在学习的过程中非常难，一门语言的形成需要长期的语言环境，并且要有长期的积累。笔者认为，最为重要的还是学生没有掌握英语阅读的技巧，英语虽然是一门学生所接触的新的语言，但是也有其学习英语的方式方法，简单来说就是学习英语的技巧，比如单词在学习过程中可以通过掌握词根词缀的方法去记忆单词，然后将单词放在英语阅读这个大的语言环境之下去理解，这就让学生在做英语阅读时更加容易。认知语言学体系下的英语阅读在学习时必须要有一个思维的转变，这对于学生来说是英语阅读学习时最为重要的。

（二）认知语言学体系下英语阅读的技巧

技巧对于学生学习来说，是快速学习的保障，无论任何事情，都要有好的技巧，才能促使学生对知识能够快速掌握。英语阅读也需要技巧。首先，要先找到属于自己的英语阅读的方式方法。世界上有很多种方式方法，但是适合自己的是少数，每个人要得到属于自己的、适合自己的方法，只有在正确方法的指导下做英语阅读才能更容易理解。每个人都有自己的认知语言学体系，在学习的过程中，学生会将自己多年所形成的认知体系运用到自己的学习中，包括英语阅读，这一体系下所形成的精神会直接投射在学生在英语阅读的文本中，所以在理解知识这一层面还有很大的困难。其次，要有学习英语的语言环境。文化对人的影响是非常重要的，通过日常生活潜移默化地影响着每个人，所以对于学习英语阅读来说，有好的语言文化环境也是非常重要的，让学生置身于文化环境之下，更容易体会到学习英语的技巧，让英语阅读对于学生来说变得更加容易。再者，这种学习英语阅读的方式有利于学生转换学习的思维方式，理解文化的不同，对于日后学习更加容易。最后，大量英语阅读。认知语言学体系是一个非常大的体系，短时间之内也是很难改变的，在无法改变认知体系的情况下，学生可以通过阅读大量的外文（英语）文章，通过阅读获得西方的文化价值体系，让学生更容易理解西方文化，在大量阅读的基础上能够让学生获得知识的丰富性，在以后学生英语阅读的过程中能够得到很大的帮助，也很容易打破认知语言这一框架，让学生学习英语阅读更加容易。这也是认知语言学体系下做英语阅读的最好的方法。

（三）认知语言学体系下对英语阅读的重要意义

英语阅读作为学生英语学科重要的一部分，掌握英语阅读的技巧对于学习英语来说就是一个非常大的成功，有利于学生打破认知语言学体系的这一大的框架，让学生更容易理解到文化之间的互通性。通过学习，能够让学生更加容易地掌握英语阅读，但是在认知语言学体系的英语阅读还需要不断的探索，并在探索中不断地获得经验支持。认知语言学体系下对英语阅读具有重要的意义。首先，英语阅读作为西方语言体系下学生学习的素材，对于学生来说，虽然存在文化的差异性，但是能够加深学生对于西方语言体系的理解，让学生对于文化的理解更加容易，能够更容易地区分不同文化之下的语言体系，扩大学生的学习范围，增大学生的学习空间，更好地为学生搭建一个好的学习平台。其次，认知语言学体系下的英语阅读更容易让学生理解文化的包容性，让文化达到更好的融合。各个国家的文化都是不同的，但是各国的文化有其优秀之处，认知语言学体系下的英语阅读很难达到对于英语的学习，这也很难让学生去理解各国不同的文化，学生在理解西方文化的基础上，吸取其中优秀的部分，将自我认知语言学体系下的文化与西方优秀的文化相结合，这样才能更好地将本国文化与西方文化相融合，达到对文化的一个深刻理解。这对于文化的交流也有一定的益处。最后，认知语言学体系下的英语阅读在一定程度上带有中国文化的印记，所以在学生很容易将自己认知语言学体系下的精神投射到阅读中，这种阅读方式有优点也有缺点，通过自己对英语阅读的独到理解，让学生有一套自己的认知语言学体系下的英语阅读方式，这也是英语学习方法的一个开辟路径。

认知语言学体系是一个大的体系，每个人的文化基础不同，在不同的文化认知体系下，英语阅读所产生的效果也就不同。对于学生来说，自我的认知语言学体系在英语阅读过程中扮演着非常重要的角色，好的认知语言学体系对于学生学习英语阅读有一定的好处。相反，消极的认知语言学体系下的英语阅读对于学生来说有很大的困难。认知语言学体系下的英语阅读中英语技巧占有很大的部分，好的英语阅读技巧能够让学生的英语学习更加容易。认知语言学体系下的英语阅读虽然存在一定的阻碍，但是只要学生稍加克服，学生的思维体系就会有很大的转变，对于学生在之后的学习也将会有很大的帮助。因此，老师在英语教学过程中，也要注意学生课堂上英语学习思维体系的转变，通过转变思维方式，让学生更加容易地掌握学习的方法。认知语言学体系下的英语阅读技巧对于学生来说必须完全掌握，因为在不同的认知语言学体系下，学生的不同的认知语言学体系所产生的效果不同，对于学生学习的方式也会不同，要想让学生掌握有效的阅读方法，就必须掌握好英语阅读的学习技巧。

三、认知语言学视角下的英语新词构建

随着时代的发展与变化，英语的词汇也在发展与变化。新的英语词汇就像一面镜子见证着这个时代的进程。从认知语言学的视角来看，英语中的新词自然也是形式和意义的配对体。新词的构建主要有两个方面:一方面是新词的形式构建,另一方面是新词的意义构建。在对不断变化的时代背景的体验基础上，人们通过不同的认知操作模式和认知活动对意义和形式进行匹配，进而构建出新词汇，本节就新词构建中的认知操作和认知过程进行探究。

时代在不断地更迭与变迁，语言也随着时代的发展而产生变化。这种变化就是一些新的词汇开始在人们的日常生活中出现的次数增多，而有些词汇的出现率开始下降。人们在生活中会随着科技的发展过程中，为了更好地去表达新事物和新观点，新词汇就是在这种背景下产生的。新词汇是一个时代变迁的文明产物，它所反映的是人们的物质文明和精神文明的变迁。

（一）什么是认知语言学视角

20 世纪 80 年代发展起来的认知语言学是认知科学和语言学的结合，其基本特征是研究我们对世界的认知是如何通过心智范畴（或意象图式）构建起来的。其研究范围包括范畴化和原型范畴理论、意象图式和模型理论、认知语义、认知语法、隐喻认知理论及语言符号相似性等。随着认知语言学的不断发展和不断进步，人们开始对语言学习和语言应用有着越来越深刻的了解，并且认知语言学中的许多理论对英语新词的构建有着非常现实的指导作用，有助于英语新词汇的构建。

认知语言学认为，语言是一种符号系统，所有语言单位包括语素、词汇、短语和小句都是形式和意义的配对体。英语中不断出现的新词汇自然也是符号，是一定形式和一定意义的配对体，一定的形式蕴含着一定的意义。因此，新词的构建主要是指两方面的构建，即形式结构的构建和意义词义的构建。在对不断变化的时代背景的体验基础上，人们通过

不同的认知操作模式和认知活动对意义和形式进行匹配，进而构建出新词汇。本节着重探究不同的认知操作模式和认知过程是如何在新词的构建中起作用的。

（二）英语新词汇的构成方式

1. 由两个或多个词汇构成的新构词

复合词：英语中的复合词就是将两个不相关或关联性不大的词语组合在一起，组合出来的词语被赋予的意思是原来两个组合词的意思的组合或者是与原来两个组合词意思完全没有任何关联的意思。例如，像 shopping boyfriend 这个词是由 shopping(购物) 和 boyfriend(男友) 组合而成的。而这个组合成的新短语的意思就是两个组合词汇的意思的组合，陪购男友的意思。

拼合词：拼合词就是取两到三个词汇进行对词汇的缩减，经过对词汇的取舍其中一部分后进行拼合，从而组成一个新词汇。拼合词同样也可以是几个意思完全没有关联、词性上也没有组合规律可循。拼合出来的新单词可以是原来拼合词汇的意思的拼合也可能是完全不同的意思。例如，mom 和 competition 这两个词的拼合，mom 是妈妈的意思，competition 是竞争的意思，两个单词拼合起来就是 mompetition，中文意思就是妈妈之间的竞争，进一步引申就是拼孩的意思。

派生词：派生词就是在现有的英语词汇或词根前面加上词缀形成新的词汇。英语中有很多的前缀，每个前缀都代表不同的意思。例如，代表纯否定的前缀有 an-，dis-，in-，il- 等，表示错误的意思的前缀有 male-，mal- 等。这些前缀加在英语词汇或词根前都会改变原来词汇或词根的意思。例如，dishonest 这个单词就是在 honest 前面加 dis- 的前缀。原词 honest 是诚实的意思，加上 dis 这个表示否定的前缀就是不诚实的意思。

2. 旧词新义

旧词新义，顾名思义就是说一个英语词汇的书写形式保持不变，但是经过时代的发展和岁月变迁和沉淀，经过词汇的引申或者是转换，赋予了单词与原来的意思不同的新意思或者是新的用法。既然是经过原来的词汇引申出来的，那么一个单词引申到现在常用的意思可能是经过多次引申出来的意思。并且这种引申意与原来词汇的意思关联性不大或者说是没有任何关联。例如，词汇 pie 的引申意。众所周知，原来 pie 是馅饼的意思，后来逐渐引申出来的新的含义是使杂乱的意思。

（三）英语新词汇的构建与认知语言学理论的关系

1. 认知语言学中范畴化及原型理论与英语新词的构建

范畴化、原型理论。这个理论的提出是认知语言学建立的基础。认知语言学研究的最基本、最首要原则就是概念的范畴化和原型理论。人类对世界万物进行概括和分类的高级认知活动，都是通过语言来完成并实现表达的。这种行为在认知语言学中被称为范畴化，它的结果就是范畴，即人类在事物的认知中对事物进行分类。人类对事物的认识产生及发展总地来说是一个由形成范畴到形成概念的过程。对语言的范畴化研究是认知语言学研究的核心。因为人类的认知，从无序状态到有序状态的实现，离不开范畴的确立。只有确立的范畴，才能使人们对客观世界的认识不断扩大、不断加深。

而人类的范畴是一个围绕原型而构成的概念。在人类演变不断发展的过程中，随着人类的感知、经验的积累和人类对外部世界不断深入地认识和探索，人脑可以通过抽象认知活动归纳出拥有一些共同特征的类似的客体。由于这些客体都有共同的特征，所以被划分为一个范畴之中。这些客体中最为典型、最有代表性的就是原型。Eleanor Rosch 在 1975 年提出原型理论。原型理论认为，原型的本身就是代表它所涉及的范畴中最典型的成员。同属于某一范畴的各成员之间有或多或少的家族相似性，正是这些家族相似性使得它们被归为同一范畴。由于范畴之内的成员，他们之间的地位不同，所以他们彼此之间会存在隶属的差异。其中在范畴中处于中心地位的、最具有代表性的成员就是原型，其他成员可称为边缘成员。以“水果”这个范畴为例，在所有水果中，“苹果”是最为常见的、最“好”示例的成员，因此“苹果”是“水果”的原型，其他边缘成员如香蕉、橘子等都与苹果有不同程度的家族相似性。

2. 范畴化、原型与英语新词汇

本来英语语言作为一个符号，它会随着人们认知范畴和语义范畴的变化而变化。也就是说，语言符号它并不是一成不变的，总地来看它是动态的。新的范畴的产生，就需要有新的语言形式来表达出它相应的概念。也就是说，人们需要利用新词来对新的生活方式、新的技术、新的想法来进行表达。所以说，新词的出现就是人们进行范畴化和概念化的结果。新词的产生，就是以现有词汇中的概念为原型，通过给予旧的词汇以新的词汇的含义，或者说是通过不同词汇的构造和拼合产生新的词汇。从认知语言学的角度来说，由旧词而产生出来的新义是语义范畴围绕着词汇的原型意义而进行无限的扩展。换言之，词汇的基本含义，一般来说是原型意义。而其他相近词义则是围绕着原型的含义向外进行放射性扩展的过程。

由于受英语词汇原型性的制约，所以在构思中，有些处于范畴的核心地位的词，对于它们的加工时间相对来说就比较短。而对于那些处于范畴边缘位置的词汇，就需要花较长的时间对它们进行加工。在上文所提到的构词的过程中，最重要的构词过程是复合和派生的过程。在原型认知模式的典型范畴中有派生词的词根和复合词的中心词。这两种类似于认知模式中的典型范畴。该范畴的各个成员则被派生词和复合词囊括其中。总地来说，它们的词义大多是非常清晰的，在意思的表达中，都受到词根和中心词的含义的制约。

3. 认知语言学中隐喻理论与英语新词的构建

隐喻理论对于大家来说比较熟悉。顾名思义，隐喻就是一种修辞。值得一提的是，隐喻最初确实属于修辞学研究的范畴之一。从字面意思来解释，就是对两种有共同特征的事物或者现象进行对比。它能够更好地表达出本体和喻体的关系。后来随着隐喻的慢慢发展转变，它已不仅仅是一种语言的修辞手段，而成为一种认知工具和思维方式。这种认知工具能促使我们对抽象事物进行强有力的概念化，以更好地理解其意义。隐喻被使用的范围较广，被使用的频次较高，它不仅贯穿于我们日常生活的语言交流中，更重要的是我们的思维与互动也离不开它。隐喻是把一个概念域（源域）映射到另一个概念域（目标域），从而更好地理解目标域。就是面对不太熟悉，或者说是抽象的概念域时，人们通常会把自己较为熟悉的和较具体的概念映射其中。而能够实现隐喻这一认知活动最重要的是人的大脑能够产生联想。因为只有通过联想，人们才能够将不同事物之间的相似性拿出来进行比较，而人们认识事物本质特征的途径也主要借助于联想。联想就是人们在面对一个不熟悉、不太了解的领域，或者现象的发生，或处理抽象概念时，在自己切身体验与感受具有相似性的基础上，联想到他们非常熟悉且非常了解的领域、现象和具体事物及概念。用所能够掌握的领域去解释另外一个他们不能了解的领域，两个领域之间有相似的特征，将能够帮助人们去对未知事物进行很好地认知。

4. 隐喻理论与旧词新义、新词新义

随着科学技术的迅猛发展，新事物日新月异。新事物越来越冲击着人们的眼球，改变着人们的生活方式和社交方式。单纯地靠创造出新的英语词汇和引用外来的语言，已经难以满足人们越来越强烈的社交需求。因此，根据人们强烈的社交需求，赋予了旧词新的含义，通过对旧词义的引申，还有用隐喻的手段来扩大原来词汇的内涵和外延的意义。

同样新词新义的产生从认知的语言学角度来看，对词汇的合成法、拼缀法等都是对词汇实现隐喻的基础。在认知语言学中有完形感知理论的相似或顺接原则。在人们对事物进行识别或者记忆时，更加倾向于通过寻找其中的变化规律来进行记忆。所以通过上述两种办法产生的新词汇是符合人类对事物的认知和记忆规律的，它是再生和更新语言最快捷的方式。

5. 类比理论与英语新词的构建

类比理论中的类比，又称作类推。这种类比的思维就是人们采用熟悉的或者似曾相识的意境去处理一个新的意境。就是当人们遇到一个他们之前完全没有遇到过的意境时，但是这种意境给他们的感觉却是熟悉的，似曾相识的。那人们会自动地采用类比的思维，将用面临熟悉情境的感觉去面对这个新的情境。而人们将这种类比的能力用于新词的构建中的表现就是将已知词汇中的结构形式与产生出的新词汇中的结构形式联系起来。类比词汇的构建是仿照已经存在的词汇，是以已存在的词汇为原型，通过替换其中的语素成分，创造出与其相对应的或相近的新词。这种词汇的构成通常也是复合词，或者是多个词汇的组合。同样，创造出来的新词的意义，也是原来组合词汇意义的组合。例如，minimoon 这个新词，其结构形式和语义都是以 honeymoon 为原词，通过类比思维和类比认知而构建的。honeymoon 是原生词汇，人们对它比较熟悉、了解；把语素 honey 换成 mini(小、微) 形成新词 minimoon，是婚后小休的意思。人们会自动选择用类比的方法，用之前较为熟悉的意境去帮助自己认知、理解一个新的意境。

6. 概念整合理论与英语新词的构建

概念整合理论是心理空间理论的进一步发展。概念整合就是人们从长期记忆中提取出多种相关概念，置于短期记忆中进行加工、融合和拓展。上文所提到的隐喻理论和类比理论，都被概念整合理论囊括其中。在英语新词汇的产生中，复合词和拼合词的构建就是将两个或几个概念进行心理空间连接、概念整合而产生的结果，并呈现出一种与各组合词汇意义相关但较为崭新的整合意义。例如，由 cookie 和 talk 这两个词汇组合而来的新词汇 cookie talk。cookie 是饼干的意思，talk 是交谈的意思。组合出来的新词汇的意思就是饼干谈话，即可以一边吃饼干一边闲聊，后来又引申为低调的非正式的闲聊。

综上所述，英语中新的词汇产生是这个时代快速发展，人们的物质生活水平和精神生活水平不断提高的成果。它是一种文化的变迁和更迭。但最终，英语新词汇的产生是离不开人对事物的创造性的认知，它是符合人们认知行为和认知规律的一种行为。认知语言学中的一系列的范畴化、隐喻、概念转化和概念整合等认知操作模式和认知过程都为英语中新词汇的产生、人们的社交方式提供了一个全新的视角。

四、认知语言学视角下大学英语翻译教学

翻译教学旨在培养学生的翻译能力，认知语言学为翻译教学提供了一个新的视角。本节从认知语言学与翻译的相关理论入手，运用认知语言学观点及理论对高校课程翻译教学中存在的问题进行深入分析，并总结启示，即大学英语翻译教学活动应遵循学生的认知规律，结合学生的需求制定具体的教学策略，通过完善教材教法及考核评估方式，注重翻译的体验性、互动性以及创造性，对学生的翻译能力实施全方位的培养。

（一）认知语言学及其翻译观

认知语言学是认知心理学与语言学相结合的边缘学科，20 世纪 80 年代兴起于欧洲，主要涉及哲学、心理学、逻辑学、认知科学、语言学等学科。认知语言学坚持以体验哲学观，以身体经验和认知为出发点，通过认知方式和知识结构，对语言事实背后的认知规律做出诠释。根据认知语言对事物的不同认识，可以分为三个不同的范畴。而认知语言学中的构式观，主要是指 Langacker 的认知语法观、Goldbery 的构式语法观和 Croft 的激进构式语法观。在认知语言学理论中，其重点研究内容之一便是翻译研究工作。王寅教授在翻译的功能观基础上，结合体验哲学和认知语言学的基本观点，提出了认知语言学的翻译观，

指出以下几点：

翻译过程具有一定的体验性，翻译工作受到人对客观事物的感知和经验的影响，其体验性表现在作者的认知以及其在作品中表现出来的对客观事物的理解，也表现在译者和读者在阅读过程中对作品的感知，只有二者通过体验才能对作品所要传达的思想形成深刻的认识。

翻译过程具有互动性，翻译工作是一种多重互动为基础的认识性活动，也只有译者协调好各主体之间的互动关系，才能够促使翻译工作获得成功，其翻译的作品也才能够得到广泛的认同。

翻译就是译者借助相关语言的认知活动，将语言进行转换的过程，对于同一篇文章，不同的人会产生不同的理解，因为翻译作品也不尽相同，所以这个过程具有一定的创造性。

（二）当前地方高校大学英语翻译教学中存在的问题

首先在课程设置体系中，并没有显现出翻译活动的独立性，也没有认可其在教学中的价值。多数情况下，并没有认识到翻译活动的内涵，只了解其语言转换的一面，没有认识到社会文化环境、翻译目的等因素对翻译结果产生的影响，具体表现在以下几点：

1. 在价值取向上，尤其在地方高校，大学英语翻译教学注重的是考试，其教学目的就是为了应付大学英语四、六级考试，基本忽略了教育价值取向和语言学习价值取向。

2. 在教学模式上，地方高校翻译教学也存在很大的局限。基本都是理论教学，通常都是教师提供原文（几个句子或者语篇段落，语篇主题多是关于科技、商业或者旅游，传统节日等方面），学生做出译文，然后教师根据参考译文对有关的翻译问题进行讲解，再对学生的“作品”进行纠错和评价。这种闭门造车、教师主导的教学模式，只着重进行语言训练，过分地强调语言转换，忽略过程中包含的社会和认知因素，未能把阐释文化教学模式与语法教学模式相结合，更没有让学生进行信息提取、选择，并根据既定目标来创造译文等翻译能力的训练。这样很容易让学生认为，翻译是语言对照体系的运用，而难以摆脱源语言形式的束缚。

3. 从教学评价方面来看，地方大学英语翻译教学体系还没有形成一套与学生学习英语相配套的一系列实用性的评价指标，只是单纯地将学生的期末成绩作为主要的参考对象，而这个成绩并不能评价课程的实用性、效果性以及本教学方式的可取性。

（三）认知语言学视角下大学英语翻译教学改革策略

大学英语翻译课堂教学过程上，教师应结合王寅教授在研究中指出的翻译模式所包含的多个主要观点，将教学重点向学生翻译能力的培养方面转移，具体可以从以下几个方面着手：

1. 明确翻译教学培养目标和教学构建复合型的语言学价值取向，既注重翻译教学的教育性，也要注重其本身的语言性、文化性及实用性，从而全面培养学生的翻译能力。

2. 积极改变目前的哑巴式翻译教学模式，努力开展符合认知语言学的实践教学模式，课堂上实行小组讨论的方式，指导学生积极采用跨文化交际教学法、实践翻译教学法、文化翻译等方法，注重英汉对比翻译教学法，以此来培养学生独立发现最佳学习策略，养成良好的英语翻译学习能力。同时，教师还可以利用现代网络，通过线上教学及交流，加强学生英语翻译的训练，还可以与地方合作，开展项目化的翻译教学模式。这样将现代教学理念与教学特点相结合的多元化的教学方式，在有效提升学生的学习兴趣，也能完成对学生综合学习能力的培养。

3. 选择合适的翻译教材，一般情况下，可以依据市场上对人才的需求，所选择的翻译教材应包含理论和实践两个部分，教师只有将理论和实践材料相结合，学生在学习过程中才能获得间接的学习体验，从而调动学生的学习积极性，保证学生的翻译能力得到一定的提升和培养。

4. 教学评价上，按认知语言学的指导，制定符合语言学规律和实际生活需要的现代英语翻译能力和翻译教学评价体系，教师不再将学生的期末成绩作为主要的对照对象，而应采用全过程评估方式，对学生的学习能力和学习效果做出客观的评价，并以此为依据，对学生的下一阶段的学习提供相应的指导。

总之，认知语言学为大学英语翻译教学提供了一种新的思路和启示，教师在以后的教学过程中，应该关注的语言习得和学得的整个过程，并在此基础上，对教学中存在的问题进行全面把握，结合教学需求设定合理的教学目标，科学选择教学材料，对自己的教学方式和评价方式进行适当调整，从而不断地完善大学英语翻译教学工作。

第三节　现代英语语言学的文化视角

一、应用语言学视角下的英语文化导入

随着交际理论的发展及其在英语教学中的广泛应用，教师逐步意识到文化在语言学习中的重大作用。学生了解和掌握英语国家的文化，有助于其对英语的学习和运用。提高学生中英语言文化差异的领悟力和鉴别能力，成为目前急需解决的问题。本节结合英语教学的教材及课堂情境，重点阐明其教学中英语文化的导入内容和教授策略，培养学生跨文化交流能力。

随着全球一体化进程的飞速加快，各国之间的经济与文化交流日益增多。其中，语言文化不可避免地相互影响、相互渗透。因自然环境和人文环境的差异，不同国家和区域文

化势必各异，中国与英语国家尤为突出。中西文化历史的差异性是多方面的，从抽象和具体的表现形式来看：在生活态度上，则可发现西方人注重实用，中国人更偏重精神体验；在语言书面表达上，英语注重形合，汉语注重意合；在思维上，西方人注重理性和逻辑思维，中国人重领悟能力和辩证思维。这样，在英语教学过程中，教师的教授必然涉及文化知识的讲解，即英语语言国家的文化历史知识与社会风俗习惯。只有在英语教授过程中加强英语文化的学习，才能使学习者更容易掌握英语这门学科，同时也有利于提高学生的跨文化交流能力。同时，语言学也在迅速发展，应用语言学作为其中分支，在英语教学中成为不可缺少的教学工具，具有重大作用。

应用语言学是由波兰语言学家博杜恩·德·库尔德内在 1870 年提出的，当时这一概念并未引起人们的广泛关注。直到 20 世纪 40 年代，应用语言学才逐渐发展成为一门独立的学科。它介于人类语言理论描写和语言教学实践活动之间，随着其迅速发展，我国著名语言学家桂诗春把应用语言学进行了详细的划分。广义的应用语言学是指使用语言学的理论知识解决其他各学科领域的问题；狭义的应用语言学是特指语言教学，特别是外语教学或第二语言教学。英国著名应用语言学家科德（S. P. Corder）认为，“应用语言学是一种活动。”如何与非母语国家的语言教学活动结合，如何使更多的非母语国家学生学好第二外语，成为越来越多学者的研究内容。

美国应用语言学家 Sapir 曾经这样概述过文化与语言的关系：“语言有一个环境，它不能脱离文化而存在，不能脱离社会继承下来的传统和信念。”英语学习者不可能离开英语国家的文化大前提，不可能在陌生的文化情境下割裂地进行语言学习。因此，依照应用语言学的教育法则，文化导入教学是教授英语的主要教学方法，教师需要把文化导入教学应用到现实课堂教学中去。应用语言学所指的文化导入的教学是通过引导的方法使学生积极地构建语言与文化知识、促进英语综合能力提高的相对稳定的操作性教学。它提倡在教师教授学生学习语言基本知识的基础上，了解英语语言国家的文化、历史、风俗和生活方式。在课堂教学中，教师需要设计各种情境，创造较好的学习外语交际的氛围，用引导的方式培养英语学习者的英语文化意识，进而提高其跨文化交流能力。该教学方式要求学习者积极发挥主体作用，同时也需要教师发挥主导作用。

语言是文化的载体和中介，文化约束影响着语言的交流，语言和文化不可分离。因而，应用语言学视角下文化导入教学方式很大程度上取决于其是否能与语言教学，特别是课堂教学很好地有机结合起来[a]。本节结合英语教材和课堂情况，从听、说、读、写、译及词汇方面进行一次具体全面的分析。

1. 应用语言学视角下文化导入在英语听力教学方面的影响

听力是英语知识的重要组成部分之一，听力学习往往被学习者视为英语学习的障碍，

a　张岩. 文化背景知识对高中英语阅读教学的影响调查 [D]. 哈尔滨师范大学，2013.

因此，提高学生的听力水平成为英语教授者眼前的首要难题。这正是母语与非母语环境所造成的结果，而且由于母语学习思维的影响，在进行英语听力教学的过程中，学生常常用自己已经形成的固定模式去理解听力材料的内容大意，这种学习方法只会造成更多的误解与障碍。例如，

W：Sorry，I'm afraid I can't go to school tomorrow.

M：Tell me why?

M：Oh，I've been under the weather today.

在上面这组听力对话中，对话双方所使用的词语对学生来说是非常简单易懂的。但是，即便能听明白对话中的每一个单词，大多数学生仍不能选择正确答案。经过分析发现，weather 的词义是天气，而 under the weather 和天气没有任何关系，它是英语的一种俗语，在英语国家中人们用来表示身体不是很舒服。在不了解这个生活文化背景的情况下，学生极易把听力材料中女士未能去上学的原因归结为天气，导致不能做出正确选项。

2. 应用语言学视角下文化导入在英语口语教学方面的影响

从在发声学的角度上看，书面语产生在口语的基础上。在教学课堂中，我们知道学生们的英语语言能力是不平衡的，其中最差的环节就是口语对话的环节。口语词汇量欠缺，套用语法的表达方式不合乎英语国家生活工作交流的习惯，等等，这些都成了学生口语水平提高的重要障碍。在日常生活中我们常常会看到这样的事情，有些中国学生对外国友人非常热情，见面不知所措，用中国式的英语进行招呼："Hello，have you had your meal？"这个句子没有丝毫的语法错误，但外国朋友是一头雾水，不知所云，甚至会觉得干涉隐私，这显然是犯了中英文化差异的错误。在民以食为天的国度，中国人的见面问候形成了"吃了没有"的固定模式，然而外国人认为这属于个人隐私，不是公共话题，这种不符合英语习俗的交流习惯的问候语势必会惹来笑话。

3. 应用语言学视角下文化导入在英语阅读教学方面的影响

文化导入在英语阅读理解教学中的地位也不可小觑。阅读教学可以让学生挖掘大量阅读中的文化信息，目前的英语教材选材宽泛，大部分文章都会涉及英语国家特有的文化历史知识背景，尤其是当中各种体裁的文学作品，为学生认识和理解世界各国提供了大量鲜明生动的材料。如 Box and Cox 是英国的一部喜剧，它讲述的是鲍克斯和考克斯两位主人公分别在白天和黑夜轮流作为同一个房东的房客的故事。由于这部电视剧的流行，Box and Cox 竟成为英语国家人们生活中的约定俗成用语，用来指双方轮流或交替。

在阅读文章的教学中，教师不但要使学生掌握文章的大意主旨，学习语言基础知识，提高语言必备技能，同时还要引导他们养成挖掘文章文化信息的习惯，使学生在获得语言知识与技能的同时，扩展自己的文化知识视野。例如，在 SEFCBook IB，Unit 15 The Necklace 中，结合课文中出现的 Mathilde Loisel Pierre Loisel 和 Jeanne 等特有名称，教师

要使学生学会归纳英语国家姓名和称谓的知识。例如，姓名：

（1）名 + 姓，如 Jane Wilson。

（2）名 + 第二名字（多为长辈的名或姓）+ 姓，如 Edward Adam Davis。

（3）女性婚后随夫姓，如 Marie Curie。

（4）名字有昵称的，如称 David 为 Dave。

再如称谓：

（1）Mr / Mrs / Ms / Miss+ 姓（或加姓名），如 Mr Tom。

（2）除 Dr / Prof / Captain 等少数表示职位、职业的词外，一般表不用称谓，如不说 Teacher Wang。

（3）亲戚和好朋友之间常直接称呼对方名字或昵称，如 David / 或 Dave（但对长辈，而用“称呼 + 名”，如 Uncle Tom）。

4. 应用语言学视角下文化导入在英语写作教学方面的影响

《英语教学大纲》要求学生在写作过程中，不仅要准确使用所学过的语法和短语，更要掌握英语国度的人们常用的约定俗成的表达方式，进而写出合乎语法与生活习惯的英语文章。例如，在作文中因为不知道英语国度中人们的固定表达方式和日常习惯，大多学生只会想当然地利用中国式的思维创造出一些 chineselish 的句子，如“好好学习，天天向上”翻译为 good good study，day day up；“怎么老是你”翻译为 How old are you？等。这种现象屡见不鲜，因此就需要英语教授者在日常教学过程中运用英美文化的导入，拓展学生英语知识视野，提高英语文化知识的积累。

5. 应用语言学视角下文化导入在英语翻译教学方面的影响

翻译不是简单死板机械的字词对应，而是一个对文章理解消化和重新写作的过程。在这个过程中，学习者需要发挥积极主观能动性，将学到并掌握的英语国家文化历史知识背景与各种百科知识融入文章的准确翻译的过程中。例如，翻译“When it comes to swimming I beat him by miles”时，有学生竟会给出这样的答案：“当去游泳时，我把他踢走了好几米。”如果教授者将相关的文化背景知识传授给学生，大家就很容易给出正确翻译：“谈到游泳，我比他强得多。”因此，英语教师加强文化导入的教学对翻译合格文章极其重要。

6. 应用语言学视角下文化导入在词汇方面的教学要求

词汇教学的难点之一是对某些词语的文化内涵的了解和传授。虽然像 Hello / Hi / Sorry / Pardon 等这些问候语在形式上都是极为简单的表达，但迷惑学生的并不是准确的发音和正确拼写，而是如何恰当地使用。对于这一类词语来说，教师需要重点介绍和补充与之关联的文化历史生活背景知识，并在必要的时候进行汉语文化的比较，不但让学生知道词语的表层词义，更要理解其文化内涵。例如，对比汉语，英语中的亲属称谓语少，一个 cousin 涵盖了“堂／表兄弟，堂／表姐妹”等几种亲戚关系；“农民”这个单词在汉语中是统一的概念（泛指“农业劳动者”），英语中却根据其经济状况、文化教育的差异，分别用 farmer 和 peasant 来表示。上述词汇在指代范围上的差异，表现出了中西方人在人际关系上不同的观念和社会习俗。又如“狗”这个单词在汉英两种语言里的表示意义相同，但中国人常用一些固定说法，如“狗眼看人”“狼心狗肺”之类贬义词语，英语中“a lucky dog”（幸运儿）这一习语却表明狗在英语通用的国家中“身价百倍”。通过同一单词的不同阐述意义，可以窥见汉英两个民族的不同态度和习俗。再如，在中国，打了喷嚏表示想念或批评，而英国人或美国人则认为“God bless you”（上帝保佑你）。关于汉语中的“请”，大多数中国人认为汉语中的“请”与英语中的“please”相当，但在英语国家某些场合却不适合用“please”，如让别人先进门或先上车时，不说“please”，而说“After you”；在饭桌上请人吃饭、喝酒或请人吸烟时，英语中一般都用“Help yourself”，也不用“please”。这些都是习俗等因素的影响，不是语言本身的结构所能说明的。

二、文化语言学视角下高校大学英语课程

本节以大学英语课程体系为主要研究对象，以文化语言学为切入点，通过针对课程体系建设中具体问题开展实际研究，提出大学英语课程体系构建的合理化建议，尝试性地构建以文化学和语言学为理论支撑的大学英语课程体系新模式，为大学英语课程教学实践提供实践指引，同时通过这一课程改革的实施促进大学生全面发展，为社会提供复合型人才储备。

从 21 世纪开始，大学英语教学进行了系列改革，新的人才培养模式使大学生的英语水平整体上有了明显提高，但还不能满足学生和社会的发展需求。新出台的《国家中长期教育改革和发展规划纲要（2010—2020 年）》明确指出“提高人才培养质量”是高等教育的核心目标。可见，社会需求和国家发展战略对人才的外语应用能力提出了更高的要求，新一轮大学英语教学改革势在必行。

从文化语言学的视角研究大学英语课程的设置，建立文章的宏观分析框架，是本节研究的出发点。笔者通过对相关文献的梳理，发现到目前为止还没有直接研究“文化语言学 + 大学英语课程体系设置”的专著。鉴于此，根据本书研究的问题，扩大了对相关文献的搜索范围，从“文化语言学”“大学英语课程体系研究”和“文化学视角下大学英语课程体系相关研究”三个方面进行了检索，发现论著大多是单独分析以上某一个问题，并没有将之结合。本节研究的问题是建立在以上三个方面的研究基础上的。本节第一次尝试性进行一次跨学科研究，创新性地提出教材内容的文化选择，教学实施的文化烘托和教学评估的综合导向体系。

（一）将文化学和语言学融入大学英语课程体系构建多元取向的大学英语课程目标

1. 确立实用性加素养性的大学英语课程目标

按照《课程要求》，“大学英语的课程目标是培养学生的英语综合应用能力，特别是听说能力，使他们在今后学习、工作和社会交往中能用英语有效地进行交流”。在笔者看来，《课程要求》中提到的“综合应用能力”应同时具备实用性能力和素养性能力。实用性指的是学生具备听、说、读、写、译基本能力以及用英语进行跨文化交际的能力。而这一能力的体现必须建立在学生具备一定文化素养的基础之上。为了其实用性和素养性的实现，笔者认为应该细化大学英语课程目标，主要表现为语言表达、文化熏陶和智力提升三个方面。这三个目标彼此联系，密不可分。语言表达目标是英语教学目标的基础，为文化教育目标的实现提供了前提。文化渗透是语言目标的有利补充和支持，而前两个目标又为智力提升提供了可能，在语言基础和文化熏陶的基础上，学生的综合能力才能提升。

2. 注意大学英语教材内容的多元化取向

教材不仅指我们通常意义上所说的教科书还指教师和学生在课上以及课外所使用的一切教学材料。教师在教学过程中应增加自己的文化自觉意识，根据已有教材的具体情况，把有代表性的文化以模块的形式整理并融入英语教学中。与此同时，教师可以运用多媒体条件，通过幻灯片、录像、电影等形式呈现给学生英语国家的风土人情、社会风俗等。通过多种媒体形式将教材内容和丰富的课外资源相结合，才能使教材内容丰富并呈现多元化取向。

3. 加强大学英语课程实施的文化植入

我国著名英语教育专家胡文仲教授曾说过：“无论文化教学或文化研究都存在着一个层面问题。文化与语言密不可分，文化无处不在。”除了在思想上要重视文化教育外，教师还应在具体的课程实施中适当地加入文化植入。首先，教师应善于挖掘教材中的文化资源。在备课时，教师应有意识地准备该课所涉及的文化背景知识，提高学生的学习兴趣，同时也帮助学生理解全文。其次，学校可以开设英语选修课以及举行各种英语活动。英语选修课的目的主要是传递英语国家文化，增强其跨文化交际能力。在此基础之上，教师可以举办一些趣味英语活动，如英语短剧大赛、英语配音大赛等。通过在教学过程中渗透文化内容可以极大地增加学生的知识储备，进而增强其跨文化交际能力。

4. 制定英语课程评价的文化导向

教学评价是教学活动的重要组成部分。师生都能从中获益。教师能从中获取反馈信息，从而改进教学方法，提高教学质量。学生通过评价结果可以发现问题并改进学习方法，从而提高学习效率。王笃勤认为：“影响中国英语学习的最主要的因素归根结底是评价，中国的英语教学要改革，首先必须改变的是评价体系”。英语课程的最终目的在于提高学生的英语应用能力。大学英语考试的目的也不是测试学生记住了多少人名、地名以及历史事件，而是通过课堂表现，课外实践等多种形式考查学生是否具有综合的语言运用能力。这种综合的语言运用能力包括“文化意识、社交礼仪、文化价值观及目的的文化分析”。在测试中，文化考查可以从选择题、填空题和问答题等题型中体现出来。

长期以来，学者们对大学英语的研究仅局限于语言学和教育学层面上，研究的主要理论基础是第二语言习得理论和外语教学法。这就导致以工具取向为中心的英语课程论体系，认为大学英语课程就是应试的工具课。因此，文化语言学必然要对大学英语课程体系进行批判和重建。但是，从文化语言学视角分析大学英语课程体系是我国目前比较薄弱的研究领域，其中有许多尚待挖掘的创新观点。

（二）全方位考察大学英语课程的新维度，深化课程改革

1. 促进学生全面发展，发挥输送合格人才的社会价值

外语教学的教养作用旨在与其他课程一道培养一个和谐发展的人，一个与高度文明相配的人。现如今，社会发展对人才培养模式提出了新的要求，培养既有深度广度知识，又具有创新实践能力的复合人才是大学教育的目标所在，这无疑也对大学英语教育提出了新的要求。将文化语言学理论应用于大学英语课程体系建设中，既有助于学生掌握语言技能，又能培养其文化素养，扩大其知识面，使其全面发展，与社会接轨，以满足社会对复合型人才的需求。

2. 推动“大学英语”课程改革

大学英语课程的改革从未间断，长期以来学界对大学英语课程改革的关注点多停留在语言教学和教学法层面，教学方法单一、教学目标不够全面，忽视了对学生综合素质的要求。文化语言学视角下的大学英语课程体系构建突破了这种界限，把英语课程置于一个更广阔的语境中。本节以提高学生的综合素质为根本出发点，把语言和文化结合起来，在原有的改革基础上对大学英语课程有了质的改革，为大学英语课程的发展提供了新的理论依据。

3. 指导“大学英语”教学实践

大学英语教学的目的不仅在于掌握语言技巧，更重要的是文化交流和知识的传承。由于以往的大学英语课程过多地强调英语的工具性，而导致英语教师只注重语言教学，教学方法单一化，使英语课堂索然无味。因此，对大学英语课程引入文化语言学的教学观念能更新大学英语课程的教学理念，启迪新的教学方法，变革英语教学体系。使英语教师运用新的教学思路实施素质教育，最终在实践过程中激发学生的学习积极性，真正实现大学英语教育的目的。

大学英语课程体系的探索是一个长期的过程。需要学校、教师和学生相互配合，共同努力才能完成。文化语言学视角下大学英语课程体系的改革尝试性地通过针对课程体系建

设中的具体问题，如大学英语课程的目标、内容、实施以及评价四个方面开展实际研究，提出大学英语课程体系构建的合理化建议，尝试性构建以文化学和语言学为理论支撑的大学英语课程体系新模式。在这一模式下，学生可以在学习语言的基础上进一步培养自己的语言综合应用能力。将文化背景知识与学生所学专业相关的专业英语课程的学习相结合，帮助学生构建合理的语言知识应用背景，提高学生的语言综合运用技能和文化素养。

三、从语言学和文化视角浅析中式英语的特征与成因

英语不是世界上使用人数最多的一门语言，但是全球范围内使用最广泛的语言。英语为跨国交流搭建了桥梁，但是不同文化背景下，英语在每个国家都有了“本土化”的改变，中国也产生了“中式英语”。然而，这实质上是中国人错误使用的一种畸形英语，因此将“中式英语”转变为正确的“中国英语”具有十分重要的现实意义，本节从语言学和文化角度对中式英语的特征和成因进行浅析。

（一）中式英语的概念

中式英语只是形式上是英语，语法和结构都是汉语。一般情况下，中式英语就是将中国语言直接地用英语翻译出来。例如，“很久不见”转化成中式英语就是“long time no see”。它是汉语和英语的结合体。学习者直接将中文机械地翻译成英语，但是并不被英语的母语者所接受。总地的来说，中式英语就是指带有中文语音、语法、词汇特色的英语，事实上是一种很不规范的错误英语，但是近年来“chinglish”在中国已经成为一个非常流行的话题，甚至有不少中式英语被列入牛津词典。

（二）语言学和文化角度下中式英语的特点

1. 具有明显的汉语特征

受中国本土母语汉语的影响，中式英语也带有一定的汉语性，影响了正常英语的发音，使之与标准发音有所不同。有的则更加的直截了当。例如，“no zuo no die”。严格意义上，这不能称作为英语，但是它具备了英语的基本形式，却又包含着汉语拼音的成分，是非常典型的中式英语。

2. 句子结构和汉语一致

中国英语在一定程度上反映了中国人的思维方式和文化影响的特点，在句子结构上，汉语是左分支，英语属于右分支，同时中国人喜欢将时间状语、原因状语都放在地点状语前面。比如“I met you in the school yesterday”。中式英语就会表达为“yesterday，I met you in the school”。此外，中国人从古至今都喜欢要求押韵的特点也在中式英语上有所验证。例如，“好好学习，天天向上”，正确的英语表达应该是“Study hard and make progress every day”，但是中式英语会采用更加直接的方式表达成“good good study，day day up”。

这也是近年来中式英语中的一个代表句式。

3. 词汇层面

语言变体最突出的部分就是词汇层面，大多数中式英语的研究也基本体现在词汇上。英国曾经发表过一个数据库，表明 2005 年增加的 2 万单词中，有 20% 都是来自中式英语，在外来语言中占领着绝对的地位。中式英语具有相当简洁和准确的表达，而且这些词不仅准确地描述了中国的特色，还体现了中国的独特文化，反映了中国人的思维方式、价值观和传统观念。例如，Kongfu 功夫、Tofu 豆腐、Mah-jong 麻将、Confusion 儒家等，这些词汇不仅体现了中国的文化内涵和特色，也能更加简洁地表达这些事物，在国际上运用的范围格外广泛，在一定程度上，这些蕴含着中国文化特色的中国英语也发挥了标准英语所缺乏的东西，是它的优势所在。

（三）语言学和文化角度下中式英语的成因

1. 语言层面上

首先，英语的拼写和汉语拼音非常相似，甚至在某种程度上可以直接当作英语来用。例如，人名，大多数情况下就是把人的名字的拼音直接当作英文翻译过来。在发音上，英语的拼读和汉语拼音的拼读方式有十分相似的地方，在掌握了音标的发音，就可以根据音标对英语单词进行拼读，有的英语音标甚至和拼音发音一样，如 /i/，/u/，/p/，等等。因此标准英语也很容易发展成本土的中式英语。

其次，母语的迁移作用。有专家学者研究表明，每个人在学习第二语言时都会把母语的各种特点带到第二语言中，包括发音、句式等各个方面。例如，“He comes from Beijing”，这个标准的英语句式和汉语的句式结构一样，所以较为中国人所掌握。但是换一个句式，中国人第一反应会是从自己习惯的句式去直接翻译，而忽略英语的固有句式，这也是中式英语的一大重要成因。

2. 文化层面上

由于居住环境、价值观念、社会习俗、历史发展等各不相同，因此就形成了各民族之间的文化差异，这种文化差异在中式英语上也有所体现。

第一，在文化习惯上，中国人谦虚，英美人自信。当英美人听到“you are very beautiful”时，第一反应是回答“thank you”；中国人所接受的文化要求自身举止言谈要考虑温、良、恭、俭、让，以谦虚为荣，以虚心为本，反对过分地显露自己表现自我，因此中国人第一反应就是谦虚否认，回答“where”表示“并没有”的意思，无形中就产生“中式英语”。

第二，习语的表达方式存在差异。如果把“爱屋及乌”让中国人翻译，就会翻译为“love me，love my house”，但实际上，应该翻译为“love me，love my dog”。很多情况下，当中国人不了解英语国家的习语特点时，就会按照自己的语言风格去翻译英语，但是往往和英语有很大的出入，代表自己的想法观念，从而产生中式英语。

第三，词汇的文化内涵。往往同一种事物可能在中西方所表达的意思完全不同。例如，红色“red”，红色在中国往往代表的是喜庆积极的意思，在中国人眼中红色是一种美好的颜色。但是在英语国家，红色还意味着危险状态或生气的状态。比如“red flag”，中国人会翻译成红旗，但是在英语中，是“引人生气的事”，还有“in the red”在英语中表示亏损负债的意思，但是如果不了解英语国家的文化特点，就会翻译成具有中式英语的表面含义。

“中式英语”并不是个例，在各个国家都有畸形错误的英语风格，原因都是多方面、多层次的。因此，“中式英语”更加需要进行转化和改变，成为正确的中国英语，将有利于中国人更加准确地用英语传达中国文化，促进跨文化的交流，为中西方国家贡献出更大的一份力量。

第四节 现代英语语言学的应用视角

应用语言学是一门年轻的学科，兴起于 20 世纪中期，其后以惊人的速度不断地向前发展。本节旨在探讨向着学科交叉渗透的大趋势下，对应用语言学研究范畴的界定应采用何种视角。

一、应用语言学的缘起与发展

（一）单一研究取向的起步阶段

应用语言学思想缘起久远，桂诗春认为可以追溯到圣经创世纪中关于通天塔的神话，在故事中上帝打乱了人们的语言，使人们因有了不同的语言而散落于世界各地。从他的这个理论中我们可以发现语言教学和语言历史都是由来已久，正是因为不同语言之间的不同之处正是语言教学出现的原因。最初，“应用语言学”这个术语是波兰语言学家博杜恩于 1870 年提出的。当时他只是提出了这样一个宽泛而模糊的术语，并未对其研究对象和范围进行明确的界定，也尚未提出一个理论和概念体系，因而也没有在学界引起关注。直到 20 世纪 40 年代，随着外语教育和外语学习的需求日盛，外语教学蓬勃发展，尤其是在美国，人们才开始重视应用语言学的研究，真正地开始关注并探讨“应用语言学”这个概念的研究范畴和范式。毫无悬念，这个时期的应用语言学的研究主要围绕外语教学展开。

（二）多学科渗透的发展阶段

到20世纪60年代，应用语言学进入快速发展时期，于1964年正式确立其学术地位。同年，“第一届国际应用语言学大会”在法国召开，成立了国际应用语言学协会。此后，应用语言学专业及课程开设，相关学术著作、教材及刊物大量涌现，极大地丰富了应用语言学这一学科的内涵。在随后的发展过程中，除了传统的语言教学继续发展之外，应用语言学的一些分支学科也逐渐形成并快速发展，如社会语言学、计算机语言学等。应用语言学让语言学与越来越多的学科交叉交融，其研究范围不断扩大并向其他学科渗透，与此同时对该学科进行明确定义的难度也随之攀升。

二、应用语言学的不同定义

基于上述应用语言学强大的渗透力，对于应用语言学的研究范畴，目前学术界尚未形成一致的观点。不同的学者从不同的角度提出过不同的看法，对应用语言学的界定在学界就形成了争鸣的局面，常见的定义有以下三种形式。

（一）直接的定义

对应用语言学最直接的看法来自冯志伟，他认为应用语言学是研究语言在各个领域中实际应用的学科，是语言学的一个分支部门。在整个语言学领域中，应用语言学、理论语言学和描写语言学形成了三足鼎立的局面。它们分别属于语言研究的三个不同方面，各有分工，即理论语言学致力于语言一般理论问题的探讨；描写语言学注重对语言具体结构和系统组合规律的描述；应用语言学则关注语言在各个领域中实际应用的规律和功能。

他提出应用语言学具有独立性，表现为它有自己的研究对象及任务；综合性在于应用语言学是跨学科的，语言学知识之外，研究者还要具备有关学科的知识；实用性在于应用语言学旨在解决语言在实际应用中的各类问题，从而满足社会需要；其实验性表现为与其他自然科学一样，需要科学的实验方法以得出令人信服的结论。该观点得到不少学者如蔡建华、谭汝等不同程度的认同并在相关著作中加以阐述。

（二）形象的定义

关于应用语言学形象定义的问题，于根元曾经举过一个有意思的例子：“好比一个轴承，一面是语言本体和本体语言学，一面是发生关系的各个方面，两者之间的一个个滚珠是应用语言学的一个个分支学科。应用语言学主要研究的是所有的滚珠以及跟槽的接触部的动态的规律，包括共性和个性。”

以上的比喻式定义可以用简单图示来进行理解，即首先画上一个大的圆代表语言本体和本体语言学，周围画上与之相交的圆代表不同的学科或领域，周围的圆与中间的圆相交的部分即属于应用语言学研究的范畴。例如，周围的一个圆代表教学，其与中间的圆相交的部分是语言教学，那么它属于应用语言学研究的范围。语言本体和本体语言学与心理学、社会学等学科相交的部分亦可循此图解释。该定义说法形象生动，可利用图解加以理解说明[a]。但之后，作者又对该提法加以调整。后来于根元再一次对应用语言学下的定义是：应用语言学是语言本体研究同语言学之外有关方面发生关系以及应用语言学再应用的学科。该定义更为凝练、全面且更具有学术性，同时还蕴含了笔者关于应用语言学另一个方面的观点，即应用语言学自身有理论。

（三）列举式定义

应用语言学的范畴界定，还有如下看法：大多数的导论及文论都旨在阐述应用语言学所涉及的方面及活动，从而分析并阐明应用语言学的目的和方法。在难以给出明确定义时，我们可以通过观察该领域的研究人员所从事的研究或进行的活动来探知该领域的研究范畴。具体地，通过观察应用语言学研究人员的研究活动，我们了解到他们关注应用语言学及非洲人和犹太人的读写能力、内容和语言的综合性学习、话语分析、语言和移民、媒介语言、语言政策、语言学习过程中学习者自主性、职场多语现象、多语言的习得与使用、标准语言教育、任务复杂性及翻译等。通过实践性的活动来给出部分对应用语言学的定义，虽不全面却不失直观。

三、应用语言学理论性的争议

很多的语言学家秉持的观点是应用语言学这一学科仅仅是对语言学领域的一些观点和理论的实际运用，它本身是不存在任何理论的。这个观点的关键出处是英国的语言学家皮特·科德，他在《应用语言学导论》中指出："把语言学运用于某一对象，或者说，应用语言学（其名称的含义就是如此）是一种活动，不是理论研究，而是把理论研究的成果付诸运用。应用语言学家是理论的应用者，而不是理论的创造者。"这种观点可能只是当时国外的一种声音，但在中国却十分盛行。中国关于应用语言学同语言理论的关系的主流看法可以从《中国大百科全书》中窥知，即两者密不可分，理论要以实践应用为基础，同时应用需以理论为指导。

随后，学术界的一些应用语言学家如龚千炎、于根元等获得一些共识并数次在相关论述中进行说明，澄清自己的观点，语言运用及语言学理论的运用都还不是应用语言学。进一步，他们还指出了此观点的重要依据。第一，现实中是不会存在任何完善的语言学理论来提供给应用语言学使用。这样一来，应用语言学一般都是在处理实际问题时建立和不断地完善该领域的理论。第二，从逻辑上看，应用本身已然包含下位层次上的理论。第三，学术界确实整理出了相当的应用语言学方面的理论，如层次理论、中介理论等。这样的观

a　杨柳．运用抛锚式教学策略提高高中生阅读技能 [D]. 上海师范大学，2014.

点被后来不少的应用语言学研究人员所认可，丰富并完善应用语言学的理论在学界也是显见的趋势。

现代语言学之父索绪尔致力于确立语言学独立的学科地位，使其与其他学科分离并在语言内部进行研究，从而形成语言的科学。随后的学者艰难探索，不断地发现并建立起关于语言的相关理论，使得语言学的学科成果丰硕，语言学的学科地位得以牢牢巩固。一直以来引以为豪的是艰苦创立起来的学科独立性，语言学不再依附于其他学科而存在。随着科学发展的综合化趋势，语言学与其他学科的交叉、交融乃至结合已成为不可逆的趋势，无论这种趋势是否背离了语言学学科建立的初衷。同时，这也表明对应用语言学进行广义层面上的理解已成为大趋势，这也就是该学科以后发展的大方向。

应用语言学注重的是语言教学的实践性和实用性，作为当前我国教育中的重要部分，英语教学在全球化发展中的地位越来越突出，了解和掌握应用语言学的基本含义，并将其应用到英语教学中，能够为英语教学的应用性提供有效的借鉴和范例，具有很大的研究价值。

四、应用语言学的学科含义

应用语言学是语言教学中的一种分支，其讲究的是语言习得的应用性，注重理论和实践的结合，要求学习者在掌握语言学基本理论和概念的前提下，能够有效地将所学的语言学知识应用到实践中去。学习应用语言学，是为了帮助人们解决日常生活中的现实问题，通过语言交流和语言技巧解决好生活中遇到的种种难题，以达到较高的语言应用效果。

五、应用语言学与语言应用学的区分

应用语言学和语言应用学看似是两个相似的概念，实则不同。应用语言学强调的是理论联系实际，而语言应用学则是更加注重实践，强调语言的应用效果。简单来说，语言应用学是语言应用学家在实践中掌握语言知识和理论，而应用语言学则是以实践为理论的获得来源，从实践中总结理论，并将理论总结带入实践研究中，验证理论的正确性。语言应用学家是对理论的应用者，而应用语言学家则是集语言理论创造总结与语言应用为一体的。

六、应用语言学学科内容

应用语言学的主要内容是将理论和实践有机地结合起来，以实践促进理论发展，再以理论指导实践。应用语言学强调将所学的语言知识尽可能地运用到现实生活中，解决生活中的难题。具体来说，应用语言学涉及的范围很广，包括语言交际、语言的教学和语言的习得、话语治疗、语言计划和政策等等，还包括外国语言学、地方语言学等等。随着世界经济全球化发展趋势的不断深入，英语作为国际性标准官方语言，其在国际上的地位日益突出，为了更好地融入全球化阵营，在世界性的经济、政治、文化、军事、环境等问题上占据有效的发言权和影响力，我国越来越重视应用语言学的教学在英语语言教与学中的应用。

七、应用语言学在英语教学中的有效应用方法

（一）创设课堂情境，加强口语练习

学生的英语写作水平不高，也是因为对于英语“说”的太少，应用语言学要求学生对于学习的语言知识能够及时准确地运用，并在多次反复的运用中发现错误，改正错误，实现最终的正确应用目标。对此，教师要多给学生说英语的机会，不仅课堂上多多让学生发言，还可组织学生经常性开展英语活动。为了更好地锻炼学生的英语语言应用能力，进一步培养学生英语口语的表达能力，解放路第一小学经常开展“校园杯”英语口语风采秀活动。活动期间，特邀雅思学校教师作为嘉宾评委参与现场点评、互动。

活动现场气氛热烈，节奏紧凑。同学们通过自我介绍、朗诵诗歌、演唱英文歌曲、讲故事等多种形式充分展示了自己的英语风采。你看！童话故事和自创的情景剧也被孩子们搬上了舞台。选手们各个实力不凡，激情昂扬，他们语音标准、创意独特、表情自然、仪表大方，赛场里不时地响起评委和观众们阵阵热烈的掌声。此次口语展示活动为学生们营造了良好的英语学习氛围，给学生们搭建了一个运用英语、展示自我的舞台。通过组织学生开展英语辩论赛、安排学生进行英语故事演讲比赛等活动，让每个学生都有说英语的机会，不断地锻炼学生的口语应用能力，也提升了他们的综合英语表达能力且成效显著。

（二）强化英语语感，加强语法时态教学

对于中国学生普遍存在的中式英语问题，教师要强化英语的几类主要句型的教学，在教学中采取全英文的教学方式，对于语法和时态这两个较难的部分进行重点讲解，并且在平时的教学中贯穿于这些知识的讲授中。为培养学生良好的英语语感，进行多样化的英语学习，打破传统的课本局限，在这方面比较成功的案例是合肥市沃尔德国际英语学校，他们的教学形式多样，注重学生听说读写全面素质的提高，时常开展英语类竞赛活动，形式多样，内容丰富，学生们学得开心，也提升了各方面能力，真正实现了寓教于乐式教学，让学生在快乐中学习英语、我应用英语，养成良好的英语学习习惯。

英语教学要充分汲取应用语言学的营养，明确应用语言学的含义和作用，通过将应用语言学与英语教学结合起来的方式，促进英语教学效果的提升，提升学生的总体英语知识掌握和应用水平，为培养全面发展的综合型人才做出贡献。

应用语言学自身具有强大的生命力，在几十年的时间里它已经成为一门发展速度快、广受关注与议论的语言学科之一。由于应用语言学的出现比较迟，对于应用语言学的研究也是比较落后，跟不上时代的发展，满足不了社会的高要求。因此，需要对其发展现状进行认真的分析。基于此，本节就应用语言学的研究现状与展望进行简要分析，希望可以提供一个有效的借鉴[a]。

八、应用语言学研究中问题解决策略

（一）构建科学化的理论体系

说一门课程能否吸引人，其理论体系是否科学化在一定程度上对人的主观思想起着一定的指引作用。应用语言学最初是在其他各种语言学的基础上发展起来的，因此还没有完善的体系，但是随着近些年的快速发展已经有了一定的进展，可是科学化的理论体系仍然十分匮乏。我国已经有一大批语言学者在不断地努力探索，为了创造应用语言学自身的科学理论体系，一直在孜孜不倦地探索中。基于此，我国建立一套科学的应用语言学理论已经迫在眉睫，当然这也是当前我国应用语言学必须解决的问题。

（二）应与时俱进，吸纳并创新理念与思想

在当下快速发展的社会中，一旦无法跟上时代的步伐，便会落后，甚至面临淘汰的危险。应用语言学在我国起步较晚，虽然近几年发展迅速，但是依然与国外先进的应用语言学理念之间有着一定的差距。要想实现我国应用语言学的快速发展，就必须与时俱进，吸纳国外的先进理念与思想，并结合自身的情况进行创新。

（三）要有灵活多变的教学方法

应用语言学在语文课程中的应用夹杂了十分强烈的理论性与实践性，因此教学方式不能太过单一。教师在教学活动中应该把讲解、提问、讨论及练习相互结合，充分调动学生的积极性，集中他们的注意力，提高他们的理论水平与解决问题的能力，从而培养他们学习语文的兴趣。例如，在进行课程教学前，可以依据应用语言学的相关理论提出一些必要的问题，以此提高学生的注意力，让他们积极动脑思考问题，带着问题进入教学活动中，并且教师应采取引导的方式，对学生循循善诱，使课堂教学达到学生主动学习的效果。

九、我国应用语言学的未来发展

（一）推进应用语言学教育改革

要想让我国应用语言学在未来继续蓬勃发展，就必须注重教育的作用，要加强推进应

a　骆世平．英语习语研究 [M]．上海：上海外语教育出版社，2007.

用语言学教育改革。首先，要在全国各高校普及应用语言学知识，加大宣传力度，很多大学都没有应用语言学这门学科，严重阻碍了应用语言学发展。而在已经开设了应用语言学的大学也要强化教育意识，让学校对这门相对冷门的学科重视起来，意识到语言是一门必不可少的学科，并且在实际生活中起着重要作用，形成语言学的校园文化，让应用语言学的宣传语在大学内部随处可见，提高学生的重视程度。其次，加强教师队伍的培训。很多应用语言学的教师水平相对较低，没有经过相关的培训，更缺乏实践能力，教师本身都这种意识，更不可能很好地培养学生，因此学校要加强对教师的培训工作，不但上岗前要培训，在职期间也要经常开展相关宣讲和实习，让教师的自身水平不断提升。

（二）与其他学科紧密联系

任何事情要想不断发展，仅靠自身去探索显然是不可取的，这样会使自身陷入一个尴尬的境地。应用语言学也不例外，应用语言学要想不断地发展壮大，就需要与其他学科紧密地联系在一起，将其他学科的作用充分利用起来，并将一些语言学边缘学科加以联系。社会学、心理学、交际学、经济学、金融学等很多学科都可以使应用语言学更加壮大，不同的学科也有不同的理论知识在其中，这些理论知识与应用语言学的理论知识有机地结合在一起，能构成一个科学、合理、综合性强大的新型应用语言学。

（三）跟时代接轨

应用语言学在本质上就具有非静态、不断动态的特点，具有跨学科性、开放性和实验性。应用语言学通过不断地实践得到发展，而这之中的方向永远是不确定的，正是这种不确定性，使得应用语言学更加充满魅力，在适应时代大背景的基础上，让实践的脚步永不停歇，把一切固执的框架消除，还有更重要的一点就是不断创新，只有创新才是前进的动力，通过创新，将过去的应用语言取其精华去其糟粕，把优质的发扬下去，糟粕的果断舍弃，在不断地创新中寻求更好的发展，这也是时代赋予应用语言学的新使命。

综上所述，我国的应用语言学虽然只经历了较短的发展时间，但从其发展现状来看，它在未来的时间里将会取得更大的进步。所以，我们必须要正确地理解应用语言学真正的意义和它包含的内容，而不是盲目地进行狭义的应用语言学的教学。

应用语言学是 20 世纪 50 年代末 60 年代初发展起来的新兴学科。它是介于人类语言各种理论描写和语言教学实践活动之间的一套有关活动或技巧。从广义上来说，它除了跟语言教学有关外还同其他许多活动有关，而外语教学除了涉及语言学知识的应用外，还涉及许多从其他理论研究所得出的知识的应用。从狭义上来说，根据教育学理论，结合语言的心理因素和社会作用，概括出的一系列语言教学理论、原则和方法，特别用于第二语言教学，即外语教学。

在教学中，必须有明确的培养目标，适宜的教学大纲、教材、教具和教学方法，并用正确的教学思想做指导，把大纲和教材规定的内容用最佳的方法实施于学生，用准确有效的测试手段检查教学活动的结果，这正是应用语言学研究的中心问题，正如英国应用语言学家科德（S.P.Corder）所说："应用语言学是一种活动。"我国颇有权威的应用语言学家杜诗春教授更概括地认为，应用语言学是一系统工程。

十、两者的联系与区别

应用语言学同语言教学有着紧密的联系，但它不等同于语言教学。应用语言学家关心的是产生解释语言结构的技术模式，而语言教师关心的是如何更快地使学习者进行交际；应用语言学家关心的是准确，而语言教师关心的是流利；应用语言学家关心的是能力，而语言教师关心的是语言运用。总之，应用语言学不是某一教学法和学派，它是检验某一教学法是否正确有效的理论根据。因此，它可为一种新教学法的产生及外语教学研究提供理论指导。

（一）国外语言学发展的情况

美国语言学家乔姆斯基（N.Chomsky）的语言理论在语言学发展中的作用。应用语言学从20世纪50年代末的"提出"到60年代中叶的"兴盛"，经历了一个"逆结构主义"到"结构主义"的过程。它是经过同过去传统的语言学理论和旧的教学观点挑战、论战，最后站稳脚跟的。当然，迄今为止尚有许多语言教学理论问题有待于应用语言学进一步研究和探讨，找出正确的答案。在应用语言学的发展过程中，美国语言学家乔姆斯基的崛起起了革命性的促进作用。

乔姆斯基对当时流行的哲学上的经验主义、心理学上的行为主义和由此而产生的语言学上的结构主义进行了挑战。乔姆斯基认为，人出生时绝非是一块"空白的石板"，小孩生来就有一种受自然生态制约的"天生素质"。人脑的天生素质就像一部已经编好程序的计算机，也就是说在人的头脑中已经固有语法规则，这套规则可以转换生成人类极其复杂的言语。规则是有限的，而转换生成的语言或语言行为是无限的。否则，就不能解释人类语言有创造性。这一现象和人们为什么在短短的几年内能掌握一种千变万化的语言，人类具有语言能力和语言行为。语言能力是人们对语言的潜在掌握，而语言行为则是对语言的实际运用。乔姆斯基的语言理论在语言教学中促成了抛弃结构主义模式，但他没有提出明确的代替方案，也没有形成一套完整的教学法和教学法理论。在乔氏的影响下，外语教学冲破了传统的语法翻译法、自觉对比法等结构主义和直接教学法以及自然教学法等行为主义的理论，各种新的教学理论和教学方法像雨后春笋一般，应运而生，如听说法、认知法、默读法、功能交际法等。

语法翻译法、自觉对比法是否完全错误？不能这样武断。它在历史上起过积极的作用，今后也不是再没有使用价值。直接教学法是否没有缺陷？这要因人因地而论。现在，世界上影响比较大的功能交际法是否最先进？还有待于今后通过长期实践才能得出结论，就是乔姆斯基的生成语法到 20 世纪 60 年代末又分出了生成语义学派，包括乔氏的学生在内同乔氏展开了论战。乔氏批判过的结构主义学派的一些代表人物也曾预言：过不了多少年就再不会有人知道生成语法了。

（二）母语在语言学习中的作用

世界上所有的语言，不论英语、俄语还是汉语都可分解成主位、述位和修饰部分，都存在着名词、动词和特征状态词这些基本概念，都是由单词、短语到句子构成整个篇章。人类语言之间的不同点只不过是代表概念的符号和发音的不同，也就是文字系统和音位系统的差异。语言同劳动、思维一样，是人的基本功能，所以任何人，不论智力高低（除有生理缺陷的人）均有语言能力。儿童从一岁牙牙学语到五岁就基本能表达儿童生活中的各种概念。儿童学语是由于本能的需要，下意识地模仿是同认识世界同时进行的。一旦从小习得一门语言，这种语言就会成为他生活中时时离不开的终身工具，就会在他的头脑中扎下永远抹不掉的根基。这种牢固的母语根基往往又会成为学习第二种语言的障碍。正如英国语言学家艾克思霄所说：“学习语言的敌人就是已经掌握了的语言，学生始终发现他的母语是学习另一种语言的绊脚石，总想利用自己的母语代替另一种所学语言”。有人提出，要想学好地道的外语必先忘掉母语。这对长期习惯于用母语思维的人来说，停止用母语思维换成刚学时间不长的外语思维是不可能的。

对于成年人学习外语，母语能起到很好地桥梁作用。我们可以自觉地利用两种语言进行对比，约定俗成地掌握另一种语言系统。我们在学习第二种语言的初期阶段应当充分利用结构主义教学方法，通过语法和翻译对比尽快地建立起另一种语言体系和习惯，以便为进一步语言训练打下基础，这是事半功倍的方法。在没有这个语言基础之前，既不应机械地采用儿童习得母语的方法，也不宜采用西方国家在同一语系中（词汇、语法有许多共同之处）教授第二种语言的直接教学法。只有通过对比才能发现两种语言的差异。通过不断地总结这些差异，才能逐步建立起另一种语言体系和习惯。我们知道，大部分词汇的内涵和外延是不一样的。语法结构是两种语言对比教学中的重要环节。初学者总是自觉不自觉地用母语结构去套用新学的语言结构，结果造出不伦不类的中国式的外语句子。这都是因为初学者对两种语言的语序和词的形态作用以及不同语言词类可以互相转换不甚了解所造成的结果。结构主义教学法，在初学外语知识时有立竿见影的效果，但在练好外语基本功（技能）方面又有极大的缺陷。它过分地强调语言的系统性、理论性，而忽视语言的工具作用；它只注重语言的历时性，不注重语言的共时性；它不是把语法看成“获得交际能力的重要手段”，而是当成“扭转乾坤的神力”。

十一、语言技能的正确提高方法

语言是人类最重要的交际工具。在人们初步学得语言知识并打下一定的语言基础之后，第二阶段就要重点地训练语言技能，也就是言语活动。这和运动员的技能训练很相似，只能靠大运动量言语技能训练才能熟练地运用语言。

（一）培养语言技能要创造真实的语言环境

我们应充分地利用直接教学法和功能交际法在这方面所提供的经验，创造真实的语言环境，发挥学生的主动性，让学生更多地参与言语活动，在使用语言中学习语言并通过模仿和有意义的重复让学生习得语言。按巴甫洛夫的神经活动学说，语言是第二信号系统。我们建立第二信号系统就是使语言同它代表的刺激物建立联系，让它直接作用于感官，必须经过大量多次的“刺激—反应”过程。这种刺激的次数越多、时间越长，形成的直接联系也就越牢固，从而取得学习的效果。

（二）培养语言技能要解决的矛盾

其一，语音与非语音的矛盾。语音是人类发出的有意义的声音。当发音和听音不能赋予时，只能是声音，不是语音，或称非语音。其二，快速和慢速的矛盾。人的大脑对言语的处理是快速和瞬时的，适应大脑处，会像放慢速度的留声机或放慢镜头的录像，不显其本音和真像。其三，有情和无情的矛盾。一般来说，用言语交流思想时，总是具有感情或引起人们感情的变化，完全不带感情的言语就好像没有意义话语一样，是不存在的。

语言是一个系统整体。语言技能的训练包括听、说、读、写的全面训练。各项技能间既互相联系又互相促进，但在全面训练的基础上也可重点突出一项或两项技能的训练。目前，在学生阅读中，存在的主要问题是词汇量和阅读速度问题。语法是语言的结构，通过系统地学习是容易掌握的；词汇是语言的建筑材料，需要付出艰辛的劳动并通过大量阅读才能逐步掌握。没有语法构不成完整的语言，没有词汇就根本谈不上语言。我国过去采用的结构主义教学法普遍存在着重视语法忽视词汇的现象。据桑坦克教授对西欧 15 个国家学生的抽样统计，词汇量与阅读能力的相关系数是 0.75。据杜诗春教授对我国应考学生的统计，词汇量与 EPT 考试成绩的相关系数是 0.79，与 TOEFI 的相关系数是 0.85。

各种语言都拥有大量的词汇。汉语和英语是世界上比较丰富的语言，连古语和方言语总有几十万词汇。一般情况下，一个人不可能也没有必要掌握一种语言的全部词汇，只要掌握一定量的基础和常用词汇就能顺利地进行阅读和交际。

为了浏览和查阅外文资料，从外文出版物中迅速地获得信息，必须具有快速阅读的能力。英、美阅读母语的速度每分钟 350 词为高标准，150 词为中标准，50 词为不合格。上海外语科技中心提出，我国学生阅读英文读物每分钟 150 词为优，100 词为良，50 词为及格。培养和训练快速和熟练阅读能力比较好的方法就是大量的阅读。只有大量的阅读才能使词汇得到重复和巩固，才能培养出综合理解语言的能力，建立起较强的词汇感。国外有些专家调查表明：至少阅读 3000 页的书才能达到熟练阅读是有道理的。

我国对应用语言学的研究起步较晚，但只要我们从实际情况出发，不断地吸取国外各学派的长处，在实践中总结经验，从而探索出适合我国学生学习外语的教学理论和教学体系，开创外语教学的新局面。

参考文献

[1] 蔡宝来，张诗雅，杨伊 .MOOC 与翻转课堂：概念、基本特征及设计策略 [J]. 教育研究，2015，36(11)：82-90.

[2] 哈格德 .MOOC 正在成熟 [J]. 王保华，何欣蕾，译 . 教育研究，2014，35(5)：92-99，112.

[3] 吴春梅 . 试析互动模式在高中英语教学中的应用 [J]. 中学课程辅导 (教学研究)，2013，7(26)：97.

[4] 左滢 .ACTIVE 教学模式在高中英语读写结合课中的实践研究：以 Schoollife 教学为例 [J]. 英语教师，2017，17(4)：141-143+154.

[5] 刘小琴 . 应用型本科大学“英语语言学”教学存在的问题与对策 [J]. 英语教师，2018，18(7)：56-58.

[6] 杜开群 . 关于大学英语语言学教学问题及对策分析 [J]. 山东农业工程学院学报，2017，34(2)：5-6.

[7] 郑雨 . 大学英语教学中模糊语言学的语用意义分析 [J]. 西部素质教育，2015，1(6)：46.

[8] 黄琼慧 . 商务英语语言学的理论体系研究 [J]. 开封教育学院学报，2016，36(2)：68-69.

[9] 翁凤翔 . 商务英语学科理论体系架构思考 [J]. 中国外语，2009，6(4)：12-17+30.

[10] 平君 . 基于应用语言学的大学英语教学模式改革研究 [J]. 吉林省教育学院学报，2018，34(08)：75-77.

[11] 杨雪 . 浅谈英语教学中应用语言学的有效应用 [J]. 教育现代化，2018，5(11)：185-186.

[12] 张丽莹，于江 . 论《他们眼望上苍》中赫斯顿的“协合”[J]. 湖南医科大学学报 (社会科学版)，2008，10(6)：141-144.

[13] 姚伊忱 . 高中英语阅读教学中文化渗透的教学设计案例分析 [D]. 天津师范大学，2015.

[14] 张岩 . 文化背景知识对高中英语阅读教学的影响调查 [D]. 哈尔滨师范大学，2013.

[15] 杨柳 . 运用抛锚式教学策略提高高中生阅读技能 [D]. 上海师范大学，2014.

[16] 赵敏仓 . 新课程改革下高中英语课堂有效教学策略的研究 [D]. 重庆师范大学，2012.

[17] 付野 . 初中英语阅读教学中存在的主要问题及对策研究 [D]. 东北师范大学，2015.

[18] 贾丽 . 图式理论应用于高中英语阅读教学中的实证研究 [D]. 宁夏师范学院，2017.

[19] 周梦凉 . 导入在高中英语阅读课堂的应用 [D]. 上海师范大学，2012.

[20] 张莹莹 . 互动式教学在高中英语阅读教学中的应用研究 [D]. 宁夏大学，2014.

[21] 教育部 . 普通高中英语课程标准（实验）[M]. 北京：人民教育出版社，2003.

[22] 教育部 . 教育心理学考试大纲 [M]. 北京：北京师范大学出版社，2002.

[23] 鲁子问，康淑敏 . 英语教学设计 [M]. 上海：华东师范大学出版社，2010.

[24] 刘建华 . 中学英语创新教法，素质教育训练方案 [M]. 北京：学苑出版社，1999.

[25] 陈洪庆，智慧型老师参与式教学活动的设计与实施 [M]. 北京：北京燕山出版社，2010.

[26] 蓝纯．认知语言学与隐喻研究 [M]．北京：外语教学与研究出版社，2005.

[27] 赵艳芳 . 认知语言学概论 [M]. 上海：上海外语教育出版社，2001.